돈의 운

부가 시작되는 일상의 비밀

리노이에 유치쿠 지음
문기업 옮김

현익출판

들어가며

'부자'라는 말을 들으면 어떤 사람이 떠오르는가.

예전에는 흔히 호화로운 저택에 살면서 스포츠카와 외제 차를 끌고 다니고, 명품 옷에 보석을 치렁치렁 달고 다니고, 별장까지 소유한 모습을 떠올렸다.

하지만 요즘 부자는 다르다. 돈이 많다고 해서 모두 호화 저택에 살지도 않으며, 생활 스타일도 패션도 제각각이다. 시대가 변하면서 돈은 단지 소비를 위한 도구에 머물지 않게 되었고, '풍요로움'의 기준과 그 내용도 매우 다양해졌다.

한편 오랜 불황으로 돈의 신뢰도는 크게 떨어졌다. 예전에는 돈만 많으면 아무런 걱정이 없었는데 요즘엔 다들 돈이 있어도 걱정이라고 한다. 돈의 사용처뿐만이 아니라, 돈에 관한 인식 그 자체가 예전과는 크게 달라졌다.

이토록 살아가기 힘든 시대에 과연 '금전운을 좋게 만들 수 있을까? 무척 힘들지 않을까?'라는 생각이 들지도 모른다. 하지만 이런 시대, 이런 사회이기에 더욱 금전운에 관한 인식을 재검토해 주었으면 한다.

사람은 누구나 자신의 마음속에 금전운, 즉 풍요로움을 만들어 내는 운세를 간직하고 있다. 지금 풍요롭다고 실감하지 못하는 사람이 있다면 아직 그 금전운을 이끌어 내지 못했을 뿐이다. 사회의 정세가 어떻든 간에 돈을 갈망한다면 돈을 불러들일 수 있다.

그러려면 돈과 가까워지는 방법을 재검토해야 한다. 지금 마음속에 자리 잡은 돈에 관한 불안과 걱정은 당신과 돈의 관계가 원만하지 않다는 증거다. 돈과 교감하여 금전운이 따르면 돈은 절대 당신을 떠나지 않는다.

돈은 단지 물건이 아니라 당신의 인생을 풍요롭게 해 줄 소중한 파트너. 어떻게 돈을 버는 것에서 그치지 않고 행복으로 바꿀 수 있을까. 이러한 점을 생각하면서 돈과 친해지길 바란다.

이 책을 읽는 모든 사람이 막연한 금전적인 불안에서 해방되어 '이젠 무슨 일이 일어나도 걱정 안 해', '난 내 힘으로 돈을 불러올 수 있어'와 같은 생각을 할 수 있는 사람이 되길 진심으로 바란다.

리노이에 유치쿠

차례

들어가며   4

Prologue
알아 두면 돈이 되는 풍수 기초 지식

- 누구나 금전운이 좋아질 수 있다   16
- ★운이 트이는 열쇠: 음양과 오행   18
- 흙土에서 만들어져 물水에서 강해진다   20

금전운   *Chapter 1*
금전운을 높이는 법

- 금전운이 좋은 사람   24
  * 나는 금전운이 좋은 사람일까?   25
- '한도'가 돈의 흐름을 바꾼다   26
- 금전운 감각을 키우는 방법   28
- 금전운은 돈을 좋아하는 사람에게 모인다   30
  * 돈이 떠나는 말버릇   31
- 돈에 집착하면 좋지 않다   32
- 지폐는 자존심이 강하고 동전은 동료 의식이 강하다   34
  * 전자 화폐 사용법   35
- 돈을 따라다니는 '금독'에 주의하라   36

* 금독을 물리치는 청소법   37
* 금독이 좋아하는 6가지   38

금독을 막는 유일한 방법   40
* 금독을 정화하는 5가지 방법   41

지갑   *Chapter 2*

금전운이 상승하는 지갑 선택법과 처분법

지갑의 수명은 3년   44
* 지갑을 사용하는 타이밍   45

아끼는 지갑을 오래 사용하는 방법   46
* 지갑의 교체 사인   47
* 돈을 쫓아내는 지갑   48

한 단계 위의 지갑을 선택하라   50

금전운 상승에는 장지갑이 좋다   52
* 동전 지갑은 필수 아이템   53

지갑의 색이 금전운을 결정한다   54

갈색은 저금의 색, 검은색은 돈을 지키는 색   56
* 그 외의 추천 색   57

부자에게 금전운을 나눠 받아라   58
* 지갑을 구매할 때는 사회적 지위도 따라온다   59

지갑에 넣어도 되는 물건 VS 넣으면 안 되는 물건   60

지갑은 처음이 중요하다   62

지갑을 가방에 넣어 두기만 하면 돈을 잃는다   64

낡은 지갑은 비 오는 날에 버린다   66
* 한 달에 한 번 지갑을 초기화하라   67

저금 *Chapter 3*

돈이 자연스럽게 불어나는 저금법

돈은 모으려고 하면 모이지 않는다 70

절약을 좋아하는 사람 72

즐겁지 않은 절약은 금전운을 소모한다 74
* 금전운을 소모하지 않는 절약 팁 75

음식을 낭비하면 안 된다 76
* 남은 돈은 자신의 삶을 위해 소비하라 77

생계가 어려운 사람일수록 여유를 의식하라 78
* 이런 사람은 돈을 모을 수 없다 80

지갑에는 필요한 돈+α를 넣어 둔다 82

통장 정리는 월급날에 한다 84
* 금전운이 좋아지는 통장 보관법과 버리는 법 85

저금 계좌와 생활비 계좌는 따로 관리한다 86
* 저금운을 단련하는 3가지 방법 88

가계부를 쓰면 돈의 흐름이 바뀐다 90
* 금전운이 상승하는 가계부 쓰는 법 91

소비 *Chapter 4*

돈을 불리는 소비법

- 소비는 새로운 금전운을 불러온다　94
- 죽은 돈 대신 살아 있는 돈　96
  - * 죽은 돈이란?　97
- 살아있는 돈과 죽은 돈의 기준　98
- 지나친 소비로는 행복을 얻을 수 없다　100
  - * 살아 있는 돈을 사용하는 사람이 되는 5가지 방법　101
- 집을 살 때는 예산에 여유를 둔다　102
  - * 공간을 바꾸는 가구 선택법　103
- 토지와 집은 마음에 여유가 있을 때 산다　104
  - * 투자용 부동산은 여유 자금으로 구매한다　105
- 투자는 돈의 순환을 촉진시킨다　106
  - * 중고거래 사이트나 플리 마켓은 재미로 참여하라　107
- 주식 투자의 3대 원칙　108
- 데이 트레이딩을 추천하지 않는 이유　110
- 빚은 마이너스 금전운이다　112

일상 *Chapter 5*

일상에서 따라하는 금전운 상승법

미소가 금전운을 불러온다 116
* 금전운을 부르는 말 습관 117

머리카락, 피부, 눈동자가 깔끔한 사람 118

여성의 풍성한 헤어스타일이 돈을 부른다 120
* 금전운을 부르는 화장은 둥그스름이 포인트 121

남성의 헤어스타일은 자연스럽게 122
* 금전운이 좋은 사람은 이가 깨끗하다 123

돈이 좋아하는 패션-여성 편 124
* 금전운이 풍성해지는 속옷 고르기 125
* 금전운이 풍성해지는 패션 소품 126

돈이 좋아하는 패션-남성 편 128
* 남성의 패션은 색다른 센스가 중요하다 129
* 금전운을 부르는 보석 8선 130

첫 보석이라면 한 알짜리 진주 목걸이 132
* 보석을 구매할 때 주의해야 하는 4가지 134

좋은 향기를 감돌게 하라 136
* 집에도 향기가 감돌게 하라 137

좋은 음식을 맛있게 먹어라 138

달콤한 음식을 무심코 먹어선 안 된다 140
* 금전운이 좋아지는 5가지 식사 방법 141
* 금전운이 좋아지는 음식과 음료 142

깨끗한 물이 돈을 불러들인다 144
* 티타임은 금전운 타임 145

인테리어   *Chapter 6*
돈이 들어오는 인테리어 풍수

자신의 집을 사랑하라   148
  * 배치보다는 생활 동선에 신경 써라   149

운이 좋은 집은 기의 순환이 좋은 집이다   150
  * 기의 대사를 활발하게 하는 방법   152

부엌은 불과 물의 기운이 섞이지 않아야 한다   154
  * 부엌에 놔두어서는 안 되는 물건   155

부엌은 청결이 가장 중요하다   156
  * 음식 재료의 낭비는 돈 낭비의 시작이다   157

욕실의 건조와 살균을 철저히 해야 한다   158
  * 화장실에는 수독水毒이 쌓이지 않아야 한다   159

침실이 지저분하면 돈이 불어나지 않는다   160
  * 잠자기 30분 전부터는 스마트폰을 보면 안 된다   161

돈이 모이지 않는다면 수납 습관을 검토하라   162
  * 금전운 상승을 위한 수납 규칙   164

쓰지 않는 물건은 처분하라   166
  * 이런 물건이 있다면 바로 처분하라   167

좌산 인테리어   168
★**좌산에 관한 모든 것**   170

여행 *Chapter 7*
금전운을 붙잡는 여행법

- **금전운이 좋아지는 방위** 184
  - ※ 올바른 방위를 측정하는 법 186
- **금전운이 좋아지려면 한곳에만 집착하면 안 된다** 188
  - ※ 금전운 상승에 도움이 되는 방위 189
- **4·7·10·13 법칙** 190
  - ※ 대각을 활용해 효과를 높여라 191
- **금의 효과가 배로 뛰는 '삼합금국'이란?** 192
- **금전운이 좋아지는 여행의 주의점** 194
- **파워 스폿에서 금전운을 흡수하라** 196
  - ※ 파워 스폿에서 하면 안 되는 행동 197
- ★길한 방위표 사용법 198

금전운의 비밀 *Chapter 8*
뿌리 깊은 금전운 풍수의 비밀

- **물이 있는 환경** 212
- **팔운八運은 금전운이 조금씩 상승하는 시기** 214
  - ※ 방위표와 물을 놓는 장소 216
- **금전운을 불러들이는 필승 아이템 '금운부'** 218
  - ※ 부적을 쓰기 위해 준비할 것 219
- ★부적은 어떻게 쓰는 걸까? 220

Q&A *Chapter 9*

돈이 들어오는 풍수 Q&A

- **Q 1.** 적은 소득 때문에 생계를 유지하기 힘든데, 어떻게 하면 좋을까요? 230
- **Q 2.** 취직을 할 때 금전운이 좋은 회사를 선택하려면 어떻게 해야 할까요? 232
- **Q 3.** 취미를 살려 장래에는 개인 사업을 하려는데, 창업에 성공하는 비결이 있나요? 234
- **Q 4.** 지인의 권유로 산 주식이 폭락하면서 큰 손해를 봤는데, 어떻게 해야 할까요? 236
- **Q 5.** 쇼핑을 즐기는 편이라 있는 돈을 모두 써버리는데, 어떻게 하면 돈이 늘어날까요? 238
- **Q 6.** 사회적 지위가 높은 사람과 결혼하려면 어떻게 해야 하나요? 240
- **Q 7.** 남편이 빚이 있는데, 이 빚을 모두 갚으려면 어떻게 해야 할까요? 242
- **Q 8.** 자가가 없으니 노후가 불안한데, 토지나 집을 사 둬야 할까요? 244
- **Q 9.** 원래 청소를 잘하지 못하는 성격인데, 집을 깨끗하게 하려면 어떻게 해야 할까요? 246
- **Q 10.** 사이가 안 좋은 친척과 시부모님의 유산 상속을 원만하게 진행하려면 어떻게 해야 할까요? 248
- **Q 11.** 우리 아이를 금전운이 좋은 아이로 키우려면 어떻게 해야 할까요? 250

마치며 252

Prologue

알아 두면 돈이 되는
풍수 기초 지식

누구나 금전운이 좋아질 수 있다

혹시 금전운은 타고난다거나 평생 변하지 않는다고 생각하는가? 만약 그렇다면 이는 매우 큰 오해이다.

풍수는 사람이 환경에 좌우된다고 설명한다. 즉 지금 자신의 운은 주변 환경에 의해 형성된다는 말이다. 여기서 말하는 환경이란 의식주를 비롯해 인간관계, 평소에 하는 말, 행동, 사고방식에 이르기까지 자신을 둘러싼 모든 것을 가리킨다. 인식하지 못할 수 있지만, 운이 좋은 사람은 운이 좋은 환경에서 살아가고 있어 행운이 찾아든 것이다. 반대로 운이 나쁜 사람 주변에는 반드시 악운이 찾아드는 원인이 숨어 있다.

운이 나쁜 상황에서 벗어나 운을 더 좋게 만들고, 더 행복해지고자 한다면 운을 나쁘게 만드는 원인을 찾아내 제거하고 운을 좋게 만드는 풍수를 실천하면 된다. 다시 말해 자신이 놓인 환경을 바꾸어 나가면 된다.

운이란 결코 타고나는 것이 아니라 얼마든지 바꿀 수 있는 것이다. 지금은 금전운이 하나도 없더라도 운을 단련하면 반드시 '금전운이 좋은 사람'이 될 수 있다. 풍수는 금전운이 좋은 사람이 되는 방법을 알려 주는 일종의 안내서이다.

운이 트이는 열쇠: 음양과 오행

풍수는 음양오행설陰陽五行說에 기반을 두고 있다. 음양설이란, 만물이 '남자와 여자', '밝음과 어둠'과 같이 대립하는 성질을 지닌 두 가지로 이루어져 있으며, 그 두 가지는 서로 균형을 이룬다는 사상이다.
양陽은 좋고 음陰은 나쁜 것이 아니라, 두 가지 모두 필수적인 요소다. 기본적으로는 양이 음보다 조금 강해야(승양열음) 가장 균형 잡힌 상태다.
또한 오행설五行說이란, 만물이 '목木, 화火, 토土, 금金, 수水'라는 다섯 가지 요소(오행)로 분류된다고 보는 사상이다. 오행은 서로 다른 운을 관장하고 있으며, 서로 돕기도 하고(상생), 대립하기도 하는(상극) 성질이 있다.
운을 좋은 방향으로 이끌어 가기 위해서는 오행과 음양의 관계를 이해하고 적절히 이용해야 한다.

● **음양의 예**

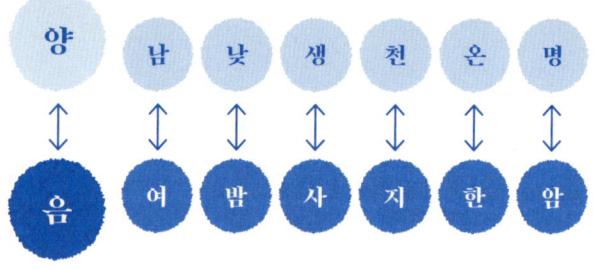

앞서 말했듯이, 양이 좋고 음이 나쁜 것이 아니라 음과 양 모두를 적절한 비율로 지니고 있어야 한다.

오행 관계도

- 토지에서 금이 만들어진다
- 금은 물을 만나면 늘어난다
- 금속은 나무를 자른다
- 흙은 물을 더럽게 만든다
- 물은 불을 끈다
- 물은 나무를 자라게 한다
- 모두 불타면 재(흙)가 된다
- 불은 열로 금속을 녹인다
- 나무는 흙의 양분을 빨아들인다
- 나무끼리 서로 문지르면 불이 된다

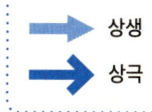

- 상생
- 상극

흙土에서 만들어져
물水에서 강해진다

   금전운을 관장하는 오행은 문자대로 '금金'의 기운이지만 금의 기운만 집중적으로 단련한다고 금전운이 상승하지는 않는다. 풍수에 '금은 흙 속에서 만들어져 물을 만나 늘어난다.'라는 법칙이 있다. 따라서 금의 기氣를 풍성하게 만들기 위해서는 '흙'의 기와 '물'의 기가 필요하다.

   반대로 상극(적대) 관계인 '불'의 기에는 주의가 필요하다. 불의 기에 과도하게 접촉하면 금의 기는 녹아서 기세를 잃고 만다. 그에 더해 불의 기와 물의 기 사이에서는 나쁜 금의 기(금독)가 생성되니 그 두 가지 기가 섞이지 않도록 관리해야 한다.

●오행이 지닌 운수와 상의象意(각 행의 상징)

오행	주요 운세	상의
목(木)	직장운, 발전운	정보, 언어, 소리, 향상심, AV 기기, 정보 기기, 목제품, 코튼, 혈기 넘치는 행동, 언론, 유행하는 물품, 스포츠
화(火)	미용운, 인기운	지위, 스펙, 직감력, 예술, 아름다움, 이별, 플라스틱, 빛나는 물건, 감성을 살린 일, 도박
토(土)	가정운, 부동산운	노력, 안정, 지속력, 저금, 이직, 도기, 동양풍 물건, 굽이 높지 않은 신발, 신축성 있는 소재, 정원 가꾸기
금(金)	금전운, 스폰서운, 사업운	즐거운 일, 다른 사람의 지원, 풍족한 생활, 금전, 음식, 기쁨, 귀금속, 달콤한 간식, 날붙이, 둥근 물건, 전통 브랜드 상품, 고급스럽고 품위 있는 패션, 보석
수(水)	연애운, 교제운	신뢰, 교제, 교류, 비밀, 남녀의 정, 물방울 모양, 성별에 맞는 패션, 물, 일본 술, 시폰 소재

Chapter 1

금전운을 높이는 법

금전운이 좋은 사람

사람들은 '금전운이 좋다'라는 말을 들으면 막연히 돈이 많은 사람이나 부자를 떠올리곤 한다.

하지만 자산이 천억 원이라도 불평하며 사는 사람이 있는가 하면, 돈은 적지만 매일 만족하며 사는 사람도 있다.

예를 들어, 고소득자인데도 노후가 불안해 버는 돈 대부분을 저금하면서도 돈 걱정에 잠들지 못하거나, 저금을 많이 했는데도 항상 편의점 도시락이나 패스트푸드만 먹고 여행이나 술자리에도 가지 않는 사람이 있을지도 모른다.

그런 사람들은 '부자'일지는 몰라도 절대 '금전운이 좋은 사람'이라고는 할 수 없다.

'금전운'이란 다시 말해 '풍요로움'이라 할 수 있다. 돈을 많이 번다고 금전운이 좋고 적게 번다고 금전운이 나쁜 게 아니다. 가진 돈에 만족하는 삶을 살고, 돈 걱정을 하지 않는 사람이 바로 '금전운이 좋은 사람'이다.

~ 간단 명쾌한 금전운 비법 ~

나는 금전운이 좋은 사람일까?

금전운이 좋은 사람

- 돈 걱정을 하지 않는다
- 돈을 아끼지 않는다
- 만족스러운 식사를 한다
- 즐거운 일에 돈을 아낌없이 쓴다
- 돈을 쓰고 후회하지 않는다
- 낭비하지 않는다
- 돈이 모이면 기뻐하지만, 돈이 줄었다고 걱정하지는 않는다

금전운이 나쁜 사람

- 항상 돈 걱정을 한다
- 필요한 곳에도 돈을 쓰지 않는다
- 항상 이해득실만 따지며 행동한다
- 식사에 돈 쓰길 아까워한다
- 돈을 쓰고는 자주 후회한다
- 절약할 방법만 생각한다
- 돈이 줄어들면 전전긍긍한다

'한도'가 돈의 흐름을 바꾼다

앞서 금전운이란 풍요로움이라고 말했는데, 혹시 얼마나 풍요로우면 만족스러울지 생각해 본 적이 있는가?

금전운이 좋아지기를 바라는 사람의 대부분은 막연히 '돈이 많았으면' 하고 생각할 뿐이다. 하지만 당신이 진심으로 '금전운이 좋은 사람'이 되고 싶다면 절대 그래서는 안 된다.

돈이 얼마나 있어야 스스로 만족할 수 있는지, 뭘 사면 진심으로 만족스러울지를 더 구체적으로 생각해야 한다. 돈은 항상 환경에 따라 한곳에 머물지 않고 자유롭게 돌고 도는 특성이 있다. 돈을 자신의 것으로 만들려면 돈이 얼마나 필요한지 '한도'를 설정해야 한다.

구체적인 금액이 쉽게 떠오르지 않는가? 먼저, 자신에게 필요한 물건을 사려면 현재 수익보다 얼마가 더 있어야 하는지를 생각해 보자. '80만 원짜리 지갑을 망설임 없이 사고 싶다'라거나 '매월 옷과 가방을 사는 데 평소보다 30

만 원을 더 쓰고 싶다' 정도의 생각이라도 좋다.

중요한 것은 'OO만 원' 같은 구체적인 금액이 아니라 그 돈으로 무엇을 하고 싶은가이다. 돈을 그냥 가지고만 있어서는 종이 조각이나 마찬가지다. 가지고 있는 돈을 행복으로 바꾸어야 비로소 돈은 돈의 가치를 한다.

물론 한도의 크기는 사람마다 모두 다르고, 상황에 따라서도 달라진다. 그러니 50만 원이 아니라 100만 원이 필요하다고 생각한다면 그 한도를 더 늘리면 된다.

자신만의 한도를 설정하라. 그렇게만 해도 들어오는 돈의 흐름이 크게 변할 것이다.

금전운 감각을
키우는 방법

세상에는 경제 상황이 어렵고 소득이 불안정해도 다 잘될 거라며 낙관적으로 생각하는 사람이 있는 반면, 아무리 돈이 많아도 '돈이 부족해지면 어쩌지?', '수입이 끊기면 어쩌지?'라며 걱정만 하는 사람도 있다. 사실은 이것이야말로 금전운이 좋은 사람과 나쁜 사람을 가르는 가장 큰 요인이다.

돈은 즐거워 보이는 장소를 매우 좋아하므로 조금이라도 불안을 안고 있는 사람 곁으로는 절대 다가오지 않는다. 불안하지 않은 사람이야말로 금전운이 좋은 사람이자, 금전운 감각이 있는 사람이다.

금전운 감각을 갖춘 사람은 뭘 하든 낙관적이다. 아무리 궁지에 몰려도 낙관적으로 생각한다. 명곡인 '케세라세라(될 대로 돼라)'나, 오키나와 사람들의 낙천적 말버릇인 '다 잘될 거야'와 같은 생각이다. 물론 돈이 없으면 곤란하니 그런 일이 없도록 대처해야 한다. 하지만 근거 없는 불안은 백해무익하다. 금전운 감각을 키우고 싶다면 절대 근거 없이 돈 걱정을 하거나 불안해하면 안 된다.

그렇지만 불황이 계속되어 '돈이 다 떨어지면 어떡하지?', '어쩌면 좋아, 돈을 너무 많이 썼네'와 같은 불안에 빠질 수 있다. 그럴 때는 왜 불안을 느끼는지 근본적인 원인을 명확히 찾아야 한다. 만약 원인이 있다면 불안을 해소할 구체적인 대책을 마련해 행동으로 옮기면 그만이다. 이를 통해 원인이 없어진다면 불안은 사라질 테고, 불안을 해소하면 금전운은 반드시 다시 돌아온다.

금전운은 돈을 좋아하는 사람에게 모인다

금전운이 좋은 사람이 되고 싶다면 먼저 '금전운이 따르는 사람'이 되어야 한다. 돈은 '자신(돈)을 좋아하는 사람'을 선호한다. 그러니 '돈이 있어 행복해', '돈이 있어서 좋아'라고 솔직하게 생각하자. 돈은 실제로 그런 말을 하는 사람을 좋아하며, 그런 사람에게로 자연스럽게 모여든다.

직접적으로 돈 이야기를 하면 품위 없다는 말을 듣기 십상이다. 그래서 '난 돈에 관심 없어', '중요한 건 돈이 아니야'라고 말하는 사람도 적지 않다. 하지만 그것이야말로 금전운을 떨어뜨리는 주된 요인이다.

그런 말을 하면 돈은 '날 좋아하지 않는구나', '나한테 관심이 없구나' 하면서 우리의 곁을 떠나 버린다. 본심이 아니더라도 절대로 돈을 경시하거나 무시하지 말자.

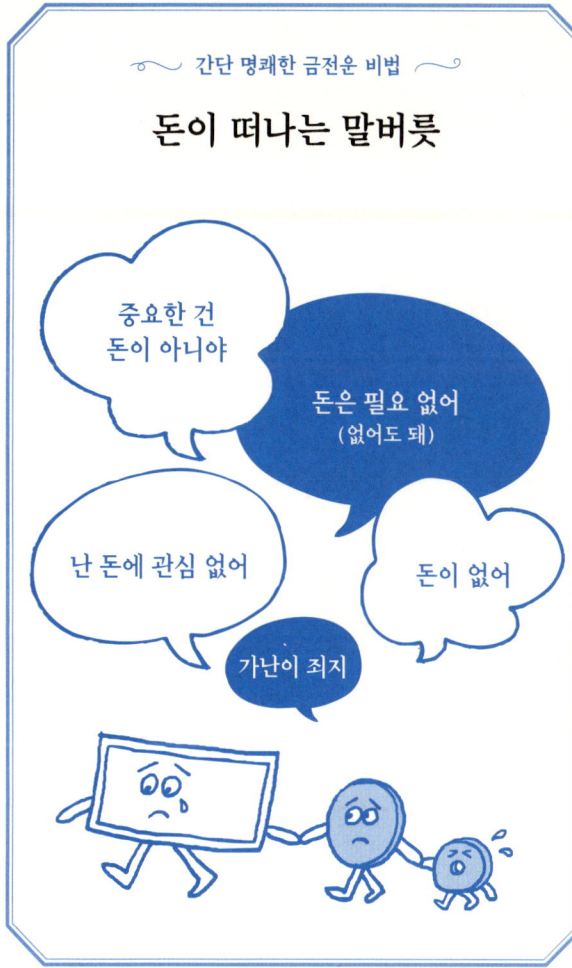

돈에 집착하면
좋지 않다

착각하기 쉽지만, 돈을 좋아하는 것과 돈에 집착하는 것은 다르다. 돈이 좋다고 하루 종일 돈만 생각하거나 10원짜리 한 장이라도 아끼려고 아등바등하면 돈은 오히려 우리를 멀리한다.

모든 운이 마찬가지지만, 특히 금전운은 노골적으로 쫓아다니거나 구속하려 드는 사람을 피한다. 금전운을 관장하는 '금'의 기운은 둥근 형상을 선호하므로, 자신을 향해 똑바로 달려오는 직선적인 기운을 보면 본능적으로 두려움을 느끼기 때문이다. 돈은 우리가 열심히 쫓아가면 갈수록 더 멀리 도망가는 존재이다.

사람도 누군가가 자신을 좋아해 주면 기분이 좋지만, 좋아한다며 매일같이 쫓아다니고 행동 하나하나를 모두 확인하려고 한다면 호의보다는 경계심을 품는다.

돈도 마찬가지다. 좋아한다고 지나치게 간섭하고 끈질기게 접근하기보다는 그 마음을 잃지 않으면서도 노골적으로 뒤쫓지 말고 '무심한 척'하는 태도를 유지하자. 그것이 금전운이 따르는 비결이다.

또한 돈은 자유롭게 돌고 도는 특성이 있어 부담스러운 사람을 싫어한다. 따라서 집착이 심하거나 걱정만 하는 사람에게는 다가가지 않는다.

그러니 '믿을 건 돈밖에 없어', '돈이 떨어지면 어떡하지?'와 같이 돈에 집착하는 부담스러운 생각은 버리도록 하자.

지폐는 자존심이 강하고 동전은 동료 의식이 강하다

우리가 매일 사용하는 돈은 지폐와 동전으로 나뉜다. 사실 이 두 가지는 같은 '돈'이긴 하지만 성격이 조금 다르다.

먼저 지폐는 동전보다 고액이라 자존심이 강하다. 그래서 동전이 가득 모여 있는 곳에는 들어오려고 하지 않는다. 또한 액면가가 큰 지폐일수록 자존심이 강해 다른 지폐들과 똑같은 대우를 받으면 싫어한다. 그러니 지갑에는 가능한 한 액면가가 같은 지폐를 모아서 넣어 두길 추천한다.

한편 동전은 동료 의식이 강해 동료가 많으면 많을수록 한곳에 계속 모여드는 경향이 있다. 지갑에 동전이 자꾸만 쌓이는 것도 그 때문이다. 적극적으로 동전을 사용하는 사람이라면 상관없지만, 그렇지 않은 사람이라면 지갑에 계속 동전만 쌓일 수 있으니 주의해야 한다.

지폐와 동전을 나누어 소지해야 더 큰 돈을 불러올 수 있다. 귀찮더라도 금전운을 위해 동전 지갑을 따로 마련하길 추천한다. 그리고 동전 지갑에 동전이 쌓이면 저금통에 넣거나 통장에 입금하자.

~ 간단 명쾌한 금전운 비법 ~

전자 화폐 사용법

교통카드나 각종 카드에 충전해 사용하는 전자 화폐는 이제 없어선 안 될 '돈'의 종류 중 하나다.

전자 화폐는 거스름돈이 생기지 않아 동전 지갑이 필요 없고, 급한 상황에도 스트레스 없이 쉽고 간편하게 사용할 수 있다는 큰 장점이 있다. 스트레스 없이 돈을 사용하면 돈에 관한 부정적인 의식도 줄어드니 금전운 측면에서 매우 유용하다.

하지만 돈의 흐름을 직접 볼 수 없어 쉽게 돈이 떠나 버린다는 단점이 있다. 따라서 주의 깊은 관심이 필요하다. 전자 화폐를 사용한 이력은 화면으로 간단히 확인할 수 있지만, 그냥 보기만 하는 게 아니라 무엇에 얼마를 사용했는지 가계부나 메모장에 잘 기록하는 습관을 들이자.

자신의 손으로 직접 쓰는 것은 매우 중요하다. 매일 기록하기가 귀찮다면 영수증을 받아 시간 날 때마다 정리해 두는 것도 좋다.

돈을 따라다니는 '금독'에 주의하라

'금독'이란 항상 돈을 쫓아다니는 나쁜 기를 말한다. 바이러스처럼 사람과 공간에 들러붙어 증식하며 금전운을 잠식하는 무시무시한 독이다.

돈과 금독은 아주 밀접한 관계다. 돈을 모으려고 하면 반드시 금독도 모인다. 게다가 그 사실을 깨닫지 못하는 사이에 조금씩 쌓여 금전운이 밑바닥을 드러내기도 한다. 그렇게 심각한 수준이 아니더라도 '돈이 금방 사라진다', '노력해도 돈이 모이지 않는다', '아무리 돈이 많아도 만족스럽거나 즐겁지 않다'와 같은 생각이 든다면 이미 금독에 잠식당했을 가능성이 크다.

실제로 금독이 잔뜩 오른 사람은 어떻게 될까. 일단 돈에 관한 집착이 강해져 돈에 인색해진다. 한편으로는 돈은 없어도 된다든가 중요한 건 돈이 아니라고 하는 등 돈을 부정적으로 바라보게 된다. 이것 또한 돈에 관한 왜곡된 집착이라 할 수 있다. 이렇게 되면 돈은 당연히 우리를 싫어하게 되고 금전운은 바닥으로 추락한다. 그 결과 더욱 돈에 탐욕스러워지는 악순환에 빠진다.

집안에 잡균이 늘어나며, 쉽게 살이 찌는 것 또한 금독이 증식했다는 신호 중 하나다. 집안의 공기가 탁해졌거나 이유 없이 갑자기 살이 찌기 시작했다면 주의해야 한다.

~ 간단 명쾌한 금전운 비법 ~

금독을 물리치는 청소법

금독은 가구의 뒤편, 창틀의 틈새, 의자의 아랫면, 세면대에 놓아둔 컵의 밑바닥 등 사람의 눈에 잘 띄지 않는 곳을 선호한다. 금독은 사람의 눈에 띄지 않는 곳에 숨는 성질이 있기 때문이다.

그러한 곳은 평소에 청소를 잘 하지 않아 더러운 상태로 방치되기 쉽다. 그것이야말로 금독이 노리는 점이다. 금독을 집에서 몰아내고 싶다면 구석구석 깨끗이 청소해야 한다.

또한 배수구나 세면대 안쪽도 금독이 선호하는 장소다. 이런 곳의 곰팡이와 세균을 방치하면 점점 금독이 늘어나므로 정기적으로 청소해주며 균이 발생하지 않도록 관심을 쏟아야 한다.

~ 간단 명쾌한 금전운 비법 ~

금독이 좋아하는 6가지

1 '가난이 죄지', '돈이 없어 힘들어'와 같은 말버릇

하기만 해도 금독이 증식하는, 절대 해서는 안 될 말. '이번 달에도 빠듯해'처럼 가난을 떠벌리는 말도 해선 안 된다.

2 질투, 시샘

질투와 시샘은 '불火'과 '물水' 기운 사이에서 발생하는 악감정이다. 금독은 남을 시샘하는 사람 옆에만 있어도 옮는다.

3 돈을 흉보기

'돈이 목적이 아냐', '돈에는 관심 없어'처럼 돈을 부정적으로 묘사하는 말은 금독을 불러들인다. 진심이 아니더라도 굳이 입 밖으로 꺼내지 말자.

4 더러운 주방, 음식 낭비

불과 물의 기운이 동시에 존재하는 부엌은 집안에서 가장 금독이 발생하기 쉬운 장소다. 특히 가스레인지 주변이 더럽거나 냄비에 그을음이 생기면 금전운이 하락한다. 다 먹지 못하고 유통기한이 지난 음식이 냉장고에 들어 있어도 좋지 않다.

5 「저금이 삶의 보람」인 사람

돈을 순환시키지 않고 계속 붙들고만 있으면 금독이 점점 쌓여 간다. 수입 모두를 저금하기보다는 몇 퍼센트 정도는 자신의 삶을 위해 좋아하는 일에 투자하자.

6 물 주변의 곰팡이, 균, 때

금독은 곰팡이와 균을 매우 좋아한다. 배수구의 점액이나 세면기 안의 곰팡이 등 보이지 않는 부분도 꼼꼼하게 청소하자.

금독을 막는
유일한 방법

금독은 돈을 벌기만 해도 따라오는 성가신 존재다. 게다가 쌓이고 있어도 눈치채기 어려우니, 앞서 말한 여섯 가지 먹이를 주지 않으려 조심해서 살더라도 완벽히 막기는 힘들다.

금독에게서 자신을 지키는 유일한 방법은 '정화'다. 풍수에서 정화란, 나쁜 운을 초기화하는 것을 말한다. 누구나 욕실 청소를 한 뒤 마음이 개운해진 경험이 있을 것이다. 악운도 마찬가지로 씻어 내 초기화할 수 있다. 일정량 이상의 금독이 쌓이지 않도록 꼼꼼하게 청소하는 습관을 들이면 금독으로 인한 피해를 최대한 줄일 수 있다.

지금 금전운이 좋지 않다는 느낌이 든다면 먼저 금독을 정화하는 일부터 시작하길 바란다. 자신의 몸속에 쌓인 금독이 말끔히 씻겨 나가면 틀림없이 금전운의 흐름도 바뀐다.

～ 간단 명쾌한 금전운 비법 ～

금독을 정화하는 5가지 방법

✳ 가족과 친구에게 베푼다

금독은 자기중심적인 사람을 선호하므로 남을 위해 돈을 쓰면 그 사람을 떠난다. 커피 한 잔 정도라도 효과는 충분하다.

✳ 기부한다

남을 위해 돈을 사용하는 것도 정화 방법의 하나다. 신용 카드 기부보다는 현금을 직접 상자에 넣거나 금융 기관을 통해 입금하는 기부가 더 효과적이다.

✳ 달콤한 간식을 먹는다

특히 초콜릿이나 팥을 사용한 음식을 추천한다. 아주 조금만 먹어도 충분하다.

✳ 복숭아와 멜론을 먹는다

복숭아와 멜론에는 강력한 금독 정화 효과가 있다. 주스, 칵테일, 젤리, 사탕도 좋다.

✳ 스스로에게 상을 준다

자신의 만족스러운 삶을 위해 돈을 쓰면 금독이 쉽게 빠진다. 전신미용을 하거나 온천욕을 해도 좋다.

Chapter 2
금전운이 상승하는 지갑 선택법과 처분법

지갑의 수명은 3년

 지갑은 돈을 보관하는 역할뿐만 아니라 돈을 불러들이고 늘어나게도 하는 중요한 물건이다. 금전운을 좋게 만들고 싶다면 먼저 지갑을 선택하는 법과 버리는 법부터 바꿔야 한다.

 먼저 지갑에는 수명이 있다는 점을 명심해야 한다. 마음에 든다며 같은 지갑을 오래도록 사용하는 사람도 있지만, 지갑의 수명은 길어야 3년이다. 3년 이상 사용하면 돈을 창출하는 힘이 사라지고 만다.

 그에 더해 이 3년은 어디까지나 지갑의 힘이 완벽히 사라지기까지의 기간이다. 지갑도 사람과 마찬가지로 '탄생→삶→죽음'이라는 생명의 주기가 있다. 그러한 관점에서 보면 3년째는 '삶'이 전성기를 지난 '황혼'으로, 죽음을 준비해야 하는 시기다. 당연히 지갑은 돈을 창출해 내는 힘이 매우 약해진다. 따라서 '3년'이라는 기간을 절대적인 기준이라 생각해선 안 된다. 수명이 다하기 직전의 지갑을 계속 사용해서는 금전운이 좋아질 리 없다. 요즘 들어 금전운이 좋지 않다는 느낌이 든다면 자신의 감각을 믿고 가능한 한 빨리 지갑을 새로 장만하자.

덧붙여, 필자는 3년이라는 수명에 구애받지 않고 지갑을 자주 바꾼다. 보통 새로 구매한 지 1년에서 1년 반 정도 만에 교체한다. 그 시기가 지나면 돈을 창출해 내는 지갑의 힘이 점점 약해지기 때문이다.

금전운을 좋게 만들고 싶다면 지갑의 수명을 꽉 채워 사용하기보다는 전성기가 지났을 즈음에 망설이지 않고 새로 장만하는 것이 더 효율적이다.

간단 명쾌한 금전운 비법

지갑을 사용하는 타이밍

지갑은 사용하기 시작한 날의 기를 흡수하는 성질이 있어, '사는 타이밍'보다 '사용하기 시작하는 타이밍'이 더 중요하다.

가장 돈이 늘어나기 쉬운 시기는 '물'의 기운이 강한 12~2월 또는 장마철이다. 그 이외의 계절에 사용해야 한다면 햇볕이 쨍쨍 내리쬐는 날은 피하고 구름이 많거나 비나 눈이 내리는 날을 선택하자.

맑은 날이 계속되어 좀처럼 사용을 시작하기가 힘들다면 밤(=물의 시간대)에 돈을 넣고 다음 날부터 사용하면 된다.

아끼는 지갑을
오래 사용하는 방법

고가의 명품 지갑, 유달리 마음에 드는 지갑 등 조금만 쓰고 새로 바꾸기에는 아까운 지갑도 있다. 그럴 때는 지갑 하나를 더 구매해 번갈아 가며 사용하자. 하나를 사용하는 중에 다른 하나에 휴식을 주면 힘이 크게 소모되지 않아 일반적인 사용 주기보다 오래 사용할 수 있다.

지갑을 사용한 시간만큼 또는 그보다 조금 더 오래 지갑을 쉬게 해 주길 권한다. 즉 1년간 사용했다면 다음 1년간은 다른 지갑을 사용하고, 또 1년이 지나면 바꿔 사용한다.

단, 지갑은 나이가 들면 들수록 힘을 더 많이 소비하므로 2년째, 3년째의 휴식 기간은 사용한 기간보다 더 길게 잡아야 한다. 예를 들자면 1년 사용→1년 휴식→1년 사용→2년 휴식→1년 사용→3년 휴식과 같은 패턴이다.

그러나 지갑을 실제로 사용한 기간이 3년을 넘으면 아무래도 힘은 떨어질 수밖에 없다. 오랜 휴식을 준다고 해도 구매한 지 9년을 넘긴 지갑은 한계를 맞는다. 수명이 완전히 다하기 전에 깔끔하게 교체하길 추천한다.

~ 간단 명쾌한 금전운 비법 ~

지갑의 교체 사인

이런 징후가 보인다면 지갑의 힘이 다 떨어졌다는 증거다. 최대한 빨리 바꾸자.

* 자꾸만 지저분한 곳이 눈에 띈다
* 조심하는데도 자꾸만 영수증과 카드가 쌓여 지갑 속이 뒤죽박죽이다
* 지갑을 깜빡 두고 오는 일이 늘었다
* 카드를 분실하거나 도난당했다
* 얼룩이나 상처가 났다

~ 간단 명쾌한 금전운 비법 ~

돈을 쫓아내는 지갑

다음 내용 중 하나라도 체크해야 할 항목이 있다면 당신의 지갑은 '돈을 쫓아내는' 지갑이다. 바로 체크해 보자!

☑ 나일론이나 비닐 소재로 만들어진 지갑

나일론과 비닐은 '불'의 기운을 지니고 있어 돈을 불태운다. 합성 가죽은 비닐이나 나일론 정도는 아니지만, 돈이 나가고 들어오는 빈도가 늘어나게 되니 사용하고자 한다면 주의해야 한다.

☑ 카드나 동전이 가득 들어가 부풀어 올라 있다

카드나 동전이 가득 들어있는 지갑에는 큰돈이 들어오지 못한다. 동전은 동전 지갑에 넣고, 카드는 카드지갑에 넣어 돈이 쉽게 들어올 수 있는 환경을 만들자.

☑ 지폐 넣는 곳에 영수증이 가득 차 있다

영수증을 비롯한 종이류가 지폐 넣는 곳에 가득 차 있으면 지폐가 들어갈 가능성이 작아진다. 영수증은 자주 정리하거나, 따로 파우치를 준비해 넣어 두자.

☑ 모서리가 닳아 있고, 긁힌 상처나 때가 눈에 띈다

상처나 때는 지갑이 소모된 정도를 나타낸다. 사용한 기간이 3년이 채 안 됐다 하더라도 겉보기에 낡은 지갑은 돈을 불러들이는 힘도 약해져 있다고 보면 된다.

☑ 지갑 안이 거의 텅 비어 있다

지갑에 돈이 거의 들어 있지 않으면 들어오는 금액도 적어진다. 거금을 들고 다닐 필요는 없지만, 항상 자신이 사용할 만큼의 금액보다는 조금 더 많이 넣어 두어야 한다.

☑ 자신보다 금전운이 나쁜 사람에게 선물로 받은 지갑

지갑을 선물한 사람에게 금전운도 함께 받았다고 보면 된다. 자신보다 금전운이 나쁜 사람에게 받은 지갑을 사용하면 자신도 금전운을 잃는다.

☑ 머니 클립을 지갑 대신 사용한다

머니 클립은 돈이 편안히 쉴 만한 장소가 아니므로 돈이 머물지 않는다. 외화를 보관하는 정도라면 괜찮지만, 지갑 대신 사용해선 안 된다.

☑ 사용하기 시작한 지 3년이 지났다

지갑의 수명은 길어야 3년. 3년 이상 사용한 지갑은 '돈을 불러들이는' 힘이 없다.

한 단계 위의 지갑을 선택하라

지갑을 고를 때는 지금 자신의 수준보다 한 단계 위의 물건을 고르자. 예를 들어 지금 20만 원짜리 지갑을 사용하는 중이라면 다음엔 30만 원짜리 지갑을 사거나, 같은 브랜드라도 가격대가 조금 더 높은 지갑을 사 보는 것이다. 지갑의 수준을 한 단계 올리면 금전운도 그에 걸맞게 올라간다.

단, 지나치게 욕심을 부려선 안 된다. 자신의 소득에 비추어 지나치게 비싼 지갑을 사면 운이 지갑으로 흘러들어 금전운에 나쁜 영향을 미친다.

만약 지갑을 사고 싶은데 조금 비싸다 싶으면, 자신이 평소에 넣고 다니는 금액이 어느 정도인지 생각해 봐라. 평소에 30만 원을 넣고 다닌다면 그게 구매해도 좋은 지갑의 '적정한 가격'이다. 물론 이것은 하나의 기준일 뿐이지만 이 가격을 크게 초과하거나, 지금 지갑에 들어있는 현금으로 사기 어려운 지갑은 자신에게 풍요로움을 제공

해 줄 지갑이 아니라고 봐야 한다.

그렇지만 명품 가격은 매년 인상되는데 꼭 사고 싶은 지갑은 있고, 수입은 부족해서 고민인 사람이 있을 수 있다. 그런 경우에는 조금씩 돈을 모아서 사면 된다. 50만 원짜리 지갑을 사고 싶다면 미리 저금해 30만 원이 모였을 즈음에 '20만 원짜리 지갑을 사는 기분'으로 사자. 그렇게 한다면 문제 될 것이 없다.

설사 자신의 소득 수준에 비추어 값비싼 가격이라 해도 자신의 돈으로 살 수 있으며, 사길 잘했다는 행복한 기분을 맛볼 수 있다면 그 지갑은 반드시 당신에게 금전운을 불러들여 줄 것이다. 그러나 지갑을 사기 위해 돈을 냈는데 지갑이 너무 비싸서 후회된다면 그 지갑은 지금 당신의 수준과는 맞지 않은 물건이므로 일단 사지 않고 다시 생각해 보길 권한다.

카드로 물건을 산다면 당장 그 금액이 통장에서 빠져나가도 괜찮을지 한번 떠올려 보자. 어차피 돈은 다음 달에 나가니 괜찮다는 가벼운 마음으로 카드를 사용해 구매해선 절대 안 된다.

금전운 상승에는 장지갑이 좋다

금전운이 좋아지길 원한다면 지폐를 접지 않고 쉽게 넣을 수 있는 장지갑이 가장 좋다. 돈을 쉽게 넣고 빼지 못하면 돈을 불러들이는 힘이 약해지기 때문이다. 그렇지만 가방이 작아서 장지갑이 들어가지 않는다거나, 부피가 큰 지갑을 가지고 다니고 싶지 않은 사람도 있을 수 있다. 그럴 때는 색과 디자인이 같은 장지갑과 반지갑을 준비해 두 가지 모두를 적절히 나눠서 사용하길 추천한다.

색과 디자인을 통일하는 이유는 두 가지 지갑을 사용한다는 점을 돈이 눈치채지 못하게 만들기 위해서다. 이렇게 하면 가끔 반지갑으로 바꿔 사용해도 계속 장지갑을 사용하는 것과 같은 효과를 누릴 수 있다. 단, 주로 가지고 다니는 지갑은 어디까지나 장지갑이므로 계속 반지갑만을 사용해서는 안 된다. 일정 기간 반지갑을 사용했다면 한동안은 반드시 장지갑을 사용해야 한다.

~ 간단 명쾌한 금전운 비법 ~

동전 지갑은 필수 아이템

지갑이 동전으로 가득 차 있으면 지폐를 넣고 꺼내기가 힘들어져 지갑에 부담이 가므로 큰돈이 들어오기 힘들어진다. 지갑 외에 동전 지갑을 같이 가지고 다니며 지폐와 동전을 따로 넣으면 지폐가 쉽게 늘어날 환경이 갖춰진다.

동전 지갑의 디자인은 주로 사용하는 지갑과 같거나, 재미있는 디자인이 좋다.

두 지갑의 디자인이 같으면 돈이 쉽게 순환하며, 동전 지갑의 디자인이 재미있으면 돈이 쉽게 모여든다. 특정 대상을 모티브로 한 동전 지갑을 선택하면 즐겁게 사용할 수 있는 돈이 늘어난다.

동전 지갑으로 추천하는 모티브
곰, 달콤한 과자, 케이크, 하트, 꽃

가능하면 피해야 할 모티브
고양이, 나비, 체리, 말, 말굽

지갑의 색이 금전운을 결정한다

지갑을 구매하고자 한다면 색도 중요하게 고려해야 할 사항 중 하나이다. 자주 어떤 색을 추천하는지 질문을 받는데, 성별에 따라 대답이 조금 달라진다.

여성이라면 파스텔 옐로우, 크림 옐로우 또는 핑크색을 추천한다. 파스텔 옐로우는 즐거움과 관련된 운이 강해 즐겁게 사용할 수 있는 돈을 늘려 준다. 크림 옐로우는 돈을 즐겁게 쓸 수 있게 해 주며, 그에 더해 금독을 억제해 돈이 줄지 않게 해 준다. 한편 같은 노란색 계열이라도 진한 노란색은 양기가 너무 강해 돈이 없어져도 눈치채지 못하게 만들며, 그 결과 돈을 점점 잃게 되니 되도록이면 피하길 권한다.

전업주부와 학생처럼 일정한 수입이 없는 사람에게는 핑크색 지갑을 추천한다. 핑크색 지갑을 가지고 있으면 누군가가 선물을 주거나 밥을 사 주는 등 뜻하지 않은 행운이 쉽게 찾아온다. 발랄한 핑크색은 즐겁게 사용할 수 있는 돈이 늘어나게 해 주며, 색이 옅으면 옅을수록 뜻밖의 행운이 찾아올 확률이 더 높아진다는 점도 기억해 두자.

또한 금색이나 은색과 같은 금속 계열 색상인 지갑도 돈을 불어나게 하는 효과가 있다. 금색은 재화를 쌓는 동시에 돈의 순환도 원활하게 해 주므로, 일단 돈을 쓰면 아낌없이 쓰는 사람에게 잘 어울린다. 은색은 금색과는 달리, 시원스럽게는 아니더라도 자신이 모르는 새에 조금씩 돈이 불어나는 효과가 있다. 돈을 쓰는 것보다 돈을 불리는 일을 중시하는 사람에게 추천한다.

반대로 남녀 모두에게 절대로 금물인 색도 있다. 바로 빨간색과 파란색이다. 특히 빨간색은 불타는 '불'을 나타내는 색이니, 설사 대부호에게 받은 지갑이라 하더라도 절대로 사용해서는 안 된다. 그 지갑에 넣은 돈뿐만 아니라 지금까지 자신이 가지고 있던 금전운까지 모두 불타 버려 나중에 지갑을 다른 색으로 바꾼다 해도 타격이 오래 남는다. 오렌지색이나 주홍색은 빨간색만큼의 힘은 없지만, 마찬가지로 불의 색이므로 가능하면 지갑으로 사용하지 말자.

또한 파란색은 물의 색이다. 돈이 계속 흘러가 사라지므로, 파란색 역시 지갑의 색으로는 어울리지 않는다. 특히 짙은 파란색은 더욱더 피해야 한다. 반드시 파란색 계열을 사용하고 싶다면 모으는 힘이 강한 네이비블루를 선택하도록 하자.

갈색은 저금의 색,
검은색은 돈을 지키는 색

남성이 사용하는 지갑이라면 갈색 또는 캐러멜색을 추천한다. 갈색은 '흙土'의 색이므로 만들어 내는 힘, 모으는 힘을 지녔다. 색이 짙으면 짙을수록 모으는 힘이 강해져 돈이 웬만해선 밖으로 나가지 않는다. 단, 갈색은 모든 것을 '모아들이는' 성질이 있어 그 성질에 부담을 주는 소비를 하면 모아 둔 힘이 역류해 돈이 순식간에 나가 버리기도 하니 주의해야 한다.

캐러멜색은 노란색이 지닌 즐거움과 관련된 운세가 강하지만, 갈색에 가까워질수록 '모으는' 운세가 강해지니 자신이 원하는 운수에 맞춰 선택하면 된다.

한편 검은색은 결코 나쁜 색은 아니지만 사용하는 사람을 타니 주의해야 한다. 그 이유는 검은색이 돈을 불리기보다는 지금의 금전운을 '지키는' 힘이 강한 색이기 때문이다. 이미 일정한 재력을 보유한 사람이라면 사용하기 적당하지만, 재력이 없는 사람이 사용하면 역효과가 나기도 한다. 만약 지금의 금전운에 만족하지 못한다면 검은색이 아닌 회색을 고르길 권한다. 평온한 물의 기운이 돈을 불려 줄 것이다.

~ 간단 명쾌한 금전운 비법 ~

그 외의 추천 색

* 베이지색

갈색과 같은 '흙'의 색이다. '양(陽)'의 기가 강해 창출하는 힘을 지니고 있다. 색이 진해질수록 '모으는' 힘도 더해진다.

* 보라색

부를 쌓게 해 주는 색이다. 자신이 쌓아 온 사회적 지위에 돈이 모이므로, 사업을 하는 사람에게 추천한다.

* 초록색

일하여 번 돈을 착실히 모아 재산을 축적하는 사람을 돕는다. 단, 돈을 불리거나 모으는 힘은 그다지 강하지 않다.

* 흰색

나쁜 금전운을 초기화하고 새로 시작하고 싶은 사람에게 추천한다. 취직, 이직 등으로 환경이 바뀌었을 때 사용하도록 하자.

부자에게 금전운을 나눠 받아라

금전운은 사람에서 사람으로 전염되는 성질이 있으므로 자신보다 부자인 사람에게 지갑을 사 달라고 부탁해 그 사람의 금전운을 나눠 받을 수 있다. 선물로 받아도 좋고, 돈을 건네주고 대신 사 달라고 부탁하는 것도 좋다.

또 가지고 있던 지폐를 부자와 교환한 뒤, 건네받은 지폐를 '종잣돈' 삼아 지갑에 넣어 두는 것도 좋은 방법이다. 종잣돈의 힘은 액수의 크기에 비례하니 교환 기회가 생기면 1천 원짜리보다는 1만 원이나 5만 원짜리 지폐가 좋다. 그렇게 하더라도 당신의 금전운이 부자에게 옮겨 가지는 않는다.

종잣돈이 지갑에 효과를 내기까지는 한 달 정도 걸리므로, 그사이에 깜빡하고 쓰지 않도록 조심하며 가지고 다니자. 지폐를 넣는 공간이 두 군데라면 평소 사용하는 지폐와 나누어 넣어라. 종잣돈을 접거나 돈의 가장자리에 표시해 두는 것도 괜찮다. 단, 종이 등으로 감싸면 다른 지폐에 금전운이 옮겨 가지 않으니 조심하자.

한 달이 지난 후에는 특별 취급하지 않고 그냥 사용해도 된다. 어떤 용도로 사용해도 상관은 없다. 하지만 조금 값비싼 점심을 사 먹거나 보고 싶었던 영화를 보거나, 간식을 사 먹는 등 자신의 만족스러운 삶을 위해 사용하면 금전운이 더욱 좋아진다.

~ 간단 명쾌한 금전운 비법 ~

지갑을 구매할 때는 사회적 지위도 따라온다

지갑은 '돈'의 기를 관장하는 물건이다. 돈의 기에는 사회적 지위를 나타내는 상징도 포함되어 있으니, 지갑은 사회적 지위도 같이 구매한다는 생각으로 선택하자.

백화점이나 잡화점에서 실제로 상품을 손으로 만져 보고 사도 좋고 인터넷으로 사도 좋지만, 할인점을 비롯해 처음부터 싸게 팔 목적으로 영업을 하는 가게에서 사서는 안 된다.

물론 가지고 싶었던 지갑이 우연히 할인 중이라면 구매해도 괜찮지만, 노골적으로 덤핑을 하는 가게는 추천할 수 없다. 특히 명품 지갑을 할인점에서 구매하면 그 명품이 지닌 사회적 지위도 할인되어 버릴 뿐만 아니라 지갑 자체에도 덤핑의 기운이 들어와 지갑이 지닌 '재화'의 운수도 떨어지고 만다. 그러한 점을 고려하면 할인점에서 지갑을 사는 일은 결코 이득이 되는 일이 아니다. 적당한 가격의 브랜드 제품을 정식 대리점에서 구매하는 편이 오히려 이득이다.

지갑에 넣어도 되는 물건
VS 넣으면 안 되는 물건

지갑은 돈을 넣어 두는 물건이니 기본적으로 돈 이외의 것은 가능한 한 넣지 않아야 한다. 넣어도 되는 물건은 다음의 리스트 정도다.

- 신분증
- 보험증
- 면허증
- 돈과 관련된 카드 종류(현금 인출 카드, 신용 카드, 선불 카드, 캐시백 타입의 포인트 카드 등)

돈과 관련된 카드라고 해서 꼭 지갑에 넣어야 하는 법은 없지만, 넣어 둔다면 총 4, 6, 8, 12장 중 하나가 되도록 조절해야 한다. 13장보다 많다면 사용하는 카드만 선별해 넣어 두자. 또 신용 대출 전용 카드는 빚이라는 부정적인 기를 짊어지고 있으니 지갑에 같이 넣어 두어서는 안 된다. 꼭 필요하다면 지갑이 아니라 카드지갑에 넣자. 헬스장 회원증, 쿠폰이나 스탬프카드, 진찰권도 마찬가지이다.

교통카드는 '움직임動'의 기운을 지닌 물건이므로 지갑에 넣으면 돈이 쉽게 밖으로 흘러나간다. 교통카드는 지갑이 아니라 카드지갑에 넣자.

출장이나 여행 등으로 자주 해외에 나가는 사람은 지갑에 외화를 계속 넣고 다니기도 한다. 하지만 외화도 움직임의 기운이 있는 물건이므로 돈을 밖으로 새어 나가게 한다. 국내로 돌아오면 곧장 꺼내 다른 곳에 보관하자.

복권이나 부적 등도 지갑에 넣어서는 안 된다. 복권은 화독火毒과 금독金毒이 뒤섞여 있어 넣어 두면 낭비가 심해지고, 부적도 '불'에 속하므로 금전운에 나쁜 영향을 미친다. 또한 자녀나 반려동물의 사진과 같은 소중한 물건을 돈과 함께 넣어 두면 돈에 묻어 있던 금독이 영향을 미쳐 사고를 당하거나 병에 걸릴 수 있으니 절대로 같이 넣어선 안 된다.

지갑은 처음이 중요하다

 색과 형태를 고려해 지갑을 선택했다고 해서 금전운이 저절로 상승하진 않는다. 지갑은 돈이 처음에 얼마나 들어왔다 나갔는지를 기억하는 습성이 있어 돈을 조금만 넣고 사용하기 시작하면 그 금액 이상의 돈이 들어오지 않는 가난한 지갑이 되어 버린다. 또한 처음부터 지나치게 큰 금액을 꺼내면 지갑이 그 금액을 꺼내도 되는 금액의 기준으로 삼아 버린다. 지갑이 금전운 지갑이 될지 안 될지는 처음 사용하기 시작할 시기의 '초기 설정'을 어떻게 하느냐에 달렸다.

 초기 설정 기간은 돈을 넣고 사용하기 시작한 뒤부터 9일간 혹은 조금 더 단축하고 싶다면 7일간이라도 괜찮다. 그 기간 내에는 평소보다 조금 더 많이 돈을 넣고 다녀야 하며 가능하면 돈을 넣고 꺼내선 안 된다. 지갑은 들어가고 나간 돈의 액수와 빈도를 모두 기억하고 있으니 어차피 다시 금액을 채워 두면 된다는 안이한 생각으로 값비싼 물건을 사지 않도록 조심하라. 영수증이나 쿠폰처럼 돈이 아닌 물건도 가능하면 넣지 말아야 한다.

돈은 가능하면 넣거나 꺼내지 말아야 하지만, 단순히 돈을 지갑에 넣고 다니기만 해서는 '사용'한다고 보기 어렵다. 카페에서 커피를 마시거나, 일상적인 쇼핑을 한 뒤에는 평소처럼 지갑에서 돈을 꺼내도 상관없다. 지갑에서 거금을 꺼내지만 않으면 괜찮다. 그 기간 내에 꺼내도 상관없는 금액의 기준은 처음에 넣어 둔 금액의 약 20퍼센트다. 그 금액을 넘어가는 물건을 사고자 한다면 카드를 사용하길 권한다. 카드를 사용하고 싶지 않다면 동전 지갑에 돈을 많이 넣어 두고 거기서 돈을 꺼내 사용하는 방법도 있다.

그리고 평소보다 돈을 많이 넣어 두라고 했지만, 무조건 많이 넣어 둔다고 금전운이 좋아지는 것은 아니므로 감당하기 힘든 거금을 넣어 둘 필요는 없다. 넣어 두어야 하는 금액의 기준은 평소에 넣어 두는 금액의 2배 정도다. 조금 자금의 여유가 있다면 3배의 금액을 넣어 두어도 괜찮지만, 그 이상은 너무 많다. 가끔 정기예금을 해약해 1,000만 원을 넣고 다닌다는 사람도 있는데, 예금을 해약하는 행동은 금전운에 지나친 부담을 주는 일이므로 반대로 금전운을 나쁘게 하는 원인이 된다. 그런 행동은 가능하면 자제하자.

지갑을 가방에 넣어 두기만 하면 돈을 잃는다

평소에 지갑을 어디에 넣어 두는가? 항상 가지고 다니는 가방에 계속 넣어 두기만 하는 사람이 많지 않을까? 사실 이것이 바로 금전운을 나쁘게 만드는 원인이다. 가방은 '움직임'의 기운을 지닌 아이템이다. 그런 물건 안에 지갑을 넣어 두면 돈이 어떻게 해서든 움직이고 싶어 하니, 기껏 지갑에 돈을 넣어 두어도 금방 밖으로 나가 버리고 만다.

깜박 두고 외출할 수 있다며 일부러 지갑을 현관에 놔두는 사람도 있는데, 그것 또한 밖으로 나가라고 돈을 내쫓는 것과 마찬가지인 행동이다. 절대로 해서는 안 된다.

집에 돌아가면 가방에서 꺼내 둔다고 말하는 사람도 지갑을 주방의 아일랜드 식탁 위나 햇볕이 잘 드는 창가, 조명 바로 아래, 컴퓨터나 TV 옆에 놓는 경우가 많다. 하지만 그렇게 하면 돈의 기운이 강력한 '불'의 기운에 노출되어 소모되므로 돈을 쉽게 낭비하게 된다. 또한 주방의 테

이불 위를 비롯해 사람들 눈에 잘 띄는 장소도 불의 기운에 쉽게 노출되므로 가능하면 피하자.

그렇다면 지갑은 어디에 놓아야 할까. 가장 좋은 장소는 침실 북쪽 방면의 어두운 곳이다. 돈은 어두운 곳에서 늘 어나는 성질이 있으니, 서랍이나 상자 등을 북쪽 정위치에 두고 집에 돌아가면 가방에서 꺼내 그곳에 넣어 두는 습관을 기르자. 그 장소에 옷장이나 상자가 있다면 곧장 그곳에 넣어 두어도 된다. 하지만 다른 물건과 같이 있어선 좋지 않으니 지갑용 서랍이나 뚜껑이 달린 상자를 마련해 그곳에 넣어 두길 추천한다.

통장이나 현금 인출 카드 등 돈과 관련된 것이라면 지갑과 같은 장소에 놔두어도 괜찮다(단, 방범을 위해 인감도장은 반드시 다른 곳에 놓아두자). 수정과 같은 천연석이나 길한 방향의 절에서 받은 모래 등을 같이 넣어 두면 금전운이 더욱 좋아진다.

매일 사용하는 지갑과 장기 휴식을 가진 지갑을 같은 공간에 놓으면 휴식 중인 지갑이 동요하니 가능한 공간을 분리해서 놓아두자.

낡은 지갑은
비 오는 날에 버린다

더는 사용하지 않는 지갑은 일반 쓰레기와 같이 버려도 된다. 다만 바로 쓰레기통에 넣지 않고 한눈에 지갑이라고 알아볼 수 없도록 흰 종이로 감싸서 버려야 한다.

돈은 '물'의 기운을 만나 불어나는 성질이 있으니 비가 오는 날에 버리자. 그러면 새 지갑에 돈이 잘 들어오게 된다. 깨끗한 강이나 호수 근처에 있는 쓰레기통에 버려도 좋다. 물론 그 지역의 쓰레기 배출 규칙을 잘 지켜야 한다. 지갑을 강이나 호수에 그냥 던져 버리거나, 땅에 묻으면 금전운이 좋아지기는커녕 금전운을 잃으니 절대로 해서는 안 된다.

또한 북쪽, 북동쪽, 서쪽 등 금전운이 좋은 방향으로 여행을 떠날 일이 있다면 도착지인 호텔이나 호텔의 쓰레기통에 버려도 금전운이 좋아진다. 마찬가지로 종이로 잘 감싸 사람들 눈에 띄지 않게 하자.

그리고 애착이 가는 지갑이라 간직하고 싶은 사람이 있

을 수 있다. 그 지갑을 사용하는 동안에 자신의 금전운이 좋았다면 간직해도 상관없지만, 금전운이 나빴다면 버리도록 하자.

― 간단 명쾌한 금전운 비법 ―

한 달에 한 번 지갑을 초기화하라

돈을 항상 따라다니는 금독을 정화하기 위해 한 달에 한 번 지갑의 물건을 전부 꺼내 초기화하자. 초기화하면 지갑도 스트레스가 풀려 다시 새롭게 돈을 받아들이고 싶은 기분이 된다. 지갑이 돈을 허용하는 양도 더 늘어난다. 쌓인 영수증을 정리하고, 쿠폰은 카드지갑에 넣어 두자. 표면이나 안쪽의 때는 물기를 꼭 짜낸 천으로 닦아 세척한다. 동전 지갑에 넣어 둔 동전도 일단 전부 꺼내자. 그리고 양이 많아 보이면 저금통에 넣어 두자.

양이 별로 많지 않다면 물에 씻어 말린 다음에 다시 넣어 두자. 그러면 돈이 더 쉽게 불어난다.

Chapter 3
돈이 자연스럽게 불어나는 저금법

돈은 모으려고 하면
모이지 않는다

 누구나 지금 가지고 있는 돈을 불리고 싶어 한다. 하지만 그렇더라도 '모으자'라고 생각해선 안 된다. 돈은 구속당하는 걸 싫어하기 때문이다. '모으자'라고 생각하며 돈을 한 곳에 가만히 놔두려고 할수록 돈은 틈만 나면 자유를 찾아 밖으로 도망가려 할 것이다.

 또한 돈은 자신만 바라보며 쫓아다니는 사람을 좋아하지 않는다. 모으고 싶다고 해서 돈만 생각하면 점점 뒷걸음질 치며 도망치니 악순환에 빠지고 만다. 돈이란 모으려고 열심히 노력하면 할수록 반대로 멀어져 가는 존재다.

 그렇다면 어떻게 해야 가지고 있는 돈을 더 불릴 수 있을까. 답은 '모으는' 것이 아니라 '남기는' 것이다. 거금을 남길 필요는 없다. 1,000원이든 5,000원이든 상관없다. 남기는 행동 자체가 중요하다. 남긴다는 말은 충분한 만족을 느낀 뒤에 +α가 남는 풍족한 상황을 가리킨다.

 항상 돈을 남기기 위해 의식하며 사는 사람은 여유가

넘친다. 그리고 여유가 돈을 또 만들어 낸다.

그에 더해 남은 돈을 어떻게 사용하는지도 중요하다. 뜻하지 않은 수입이 생기거나 보너스를 받은 후에 전부 저금하는 사람은 결국 돈을 모으지 못한다. 뜻하지 않은 수입은 원래 없었어야 할 돈, 다시 말해 '여윳돈'이다. 따라서 가족과 함께 맛있는 음식을 먹거나 자녀들에게 작은 선물을 하는 등 +α의 즐거움을 위해 사용하자.

저금을 하고 싶다면 즐겁게 사용한 뒤에 남은 만큼을 저금하면 된다. '돈이 들어왔다! 즐겁게 썼다! 게다가 남았다'라는 감각이 더 큰 풍족함으로 이끌어 준다.

절약을 좋아하는 사람

역설적이지만 절약을 좋아하는 사람일수록 돈은 잘 모이지 않는다. 원래 돈이란 순환하며 불어나는 특성이 있다. 그런데 절약을 좋아하는 사람은 나가는 돈을 가능한 한 줄여서 돈이 최대한 자신에게 머무르게 하려고 한다. 그러면 돈의 흐름이 멈춰 순환하는 고리가 점점 작아진다.

물론 절약이 모두 나쁘지는 않다. 더 저렴한 가게에 가서 물건을 사거나, 편의점에서 물을 사지 않고 직접 물을 챙겨 다니는 일은 지출을 줄여 즐겁게 사용할 수 있는 돈을 늘어나게 하는 행동이니 긍정적인 절약이라 할 수 있다.

문제는 절약이 최우선이라며 뭘 하든 허리띠를 바짝 조이는 방식의 절약이다. 특히 취미나 즐거운 일에 들어가는 돈을 절약한다면, 풍요로움을 절약해 버리는 행위와 같기에 절약하면 할수록 풍요로움을 잃는 악순환에 빠진다.

흔히 식비부터 줄여야 한다는 말을 많이 하는데 그것도 잘못된 생각이다. 풍요로움의 상징이라고 해도 과언이 아닌 식비를 줄여서는 풍요로운 생활을 할 수 없다.

무엇보다 절약이란 궁리해야 할 일이지 참아야 할 일이 아니다. 만약 절약으로 생계의 즐거움과 기쁨을 얻는다면 풍요로움을 창출하는 원동력이 되지만, 돈을 위해 참고 또 참으며 절약해서는 아무것도 창출해 낼 수 없다. 게다가 돈은 지나치게 참고 버티는 일을 아주 싫어하니 그런 방식으로 절약하는 사람에게는 다가가려 하지 않는다.

절약 그 자체가 목적이 되어도 안 된다. 절약이란 돈을 늘리기 위해서가 아니라 그 돈으로 풍요로움을 얻기 위해서 해야 하는 일이다. 절약해서 모은 돈으로 뭘 하고 싶은지를 명확하게 설정하지 않은 채 무작정 절약해서는 돈이 늘지 않는다. 오히려 돈은 그런 사람을 멀리하니 절약 자체가 목적이 되지 않도록 조심하자.

즐겁지 않은 절약은
금전운을 소모한다

　아무리 돈이 남아도 절약하느라 스트레스를 받거나 생활이 불편해져서는 오히려 역효과다. 즐겁게 절약한다고 생각하는 사람도 자신의 성취감을 위해 가족에게 부담을 강요하고 있지는 않은지 한번 살펴보길 바란다. 배우자의 취미 활동에 필요한 비용 또는 용돈을 줄이거나, 아이들의 학습 의지를 꺾고 절약하는 식의 방법은 금전운뿐만 아니라 가족의 안전과 관련된 운세까지 나쁘게 만든다.

　절약은 자신뿐만 아니라 가족 모두가 즐겁게 할 수 있어야만 한다. 다 같이 절약하는 방법을 연구해 가족 모두가 함께 즐기고 참여하는 것이 가장 이상적이다.

　단, 풍요로움의 상징이라 할 수 있는 음식에 들이는 돈을 줄여선 절대 안 된다. 목욕물을 여러 번 사용하거나 목욕 타월의 세탁 횟수를 줄이는 등의 절약 방법도 잡균을 늘어나게 하므로 결과적으로는 금전운을 나쁘게 만든다.

　또한 절약한다고 해서 '우리 집에 돈이 어딨니' 같은 말을 해서도 안 된다. 그런 말을 하면 돈이 이곳은 있을 곳이 못 된다며 나가려 할 뿐 아니라, 새로운 돈이 들어오려고도 하지 않기 때문이다.

~ 간단 명쾌한 금전운 비법 ~

금전운을 소모하지 않는 절약 팁

* 즐기면서 절약한다

허리띠를 바짝 조이는 방식으로 절약하면 돈이 도망치고 만다. 즐기면서 절약할 수 있는 방법을 찾자.

* 자신과 가족에게 부담이 되어선 안 된다

자신과 가족이 불편해서 스트레스를 느낄 정도로 절약을 하면 운세가 나빠진다. 배우자와 아이들에게 부담을 강요하지는 말자.

* 음식과 오락에 들이는 돈은 줄이지 않는다

식비나 오락에 들이는 돈을 줄이면 풍요로움도 줄어드니 절대로 줄이지 말자.

* 가성비가 나쁜 절약 방법을 시도하지 않는다

들인 노력에 비해 가성비가 나쁜 절약 방법도 있다. 재미있는 방법이라 괜찮다고 생각한다면 몰라도, 그렇지 않다면 가성비가 더 좋은 절약 방법으로 전환하자.

음식을 낭비하면 안 된다

　식비 자체가 줄면 절대 안 되지만, 음식을 낭비하고 있지는 않은지 검토하는 일 자체는 매우 중요하다. 필요한 음식 재료를 그때그때 사서 요리한다면 상관없지만, 매주 한꺼번에 구매해 요리한다면 음식 재료가 낭비되기 쉽다. 음식 재료를 다 사용하지 못하고 버리게 된다면 결국 그만큼 돈을 낭비하는 셈이 된다. 음식 재료를 낭비하며 소홀히 하는 사람에게는 돈이 접근하지 않는다.

　일단은 음식 재료를 철저히 관리하여, 구매한 음식 재료를 버리지 않고 모두 다 사용할 수 있도록 하자. 미리 메뉴를 결정하고 장 보러 가기, 사용할 예정이 없는 음식 재료는 사지 않기, 사자마자 일단 냉동부터 하는 습관을 버리기 등 자신만의 규칙을 정하길 추천한다. '오늘 저녁은 재료비 만 원으로 만들기!'와 같이 게임을 하듯 목표를 정해 도전해 보는 것도 좋다. '만 원짜리 음식이 이렇게 맛있다니!'와 같은 만족감이 돈을 더 불어나게 해 준다.

　크게 비싼 물건을 산 적도 없는데 돈이 모이지 않는다고 느끼는 사람은 매일 조금씩 낭비하는 습관을 고쳐야 한다. 자판기에서 물을 뽑아 마시거나 편의점에서 무심코 사는 초콜릿, 껌 등 '무심코', '습관처럼' 사는 물건이 있다면 중지하자. 그렇게만 해도 돈의 흐름이 바뀌어 돈이 쉽게 모인다.

～ 간단 명쾌한 금전운 비법 ～

남은 돈은 자신의 삶을 위해 소비하라

절약 덕분에 수중에 남은 돈은 '여윳돈'이므로 생활비로 쓰거나 저금을 하지 말고 자신과 가족의 만족스러운 삶을 위해 사용하자.

집이나 자동차를 구매하기 위해 저금을 하는 사람이라도 절약하고 남은 돈의 절반이나 1/3 정도는 자신을 위해 사용하는 것이 좋다. 조금 고급스러운 식사를 하거나, 온천욕을 하거나, 전신미용에 투자해도 좋고, 여행지에서 숙박하게 된다면 평소보다 한 단계 더 좋은 호텔을 선택해도 좋다.

절반이나 써도 괜찮을까 싶을 수도 있지만, 원래 그 돈은 절약하지 않았다면 없었을 여윳돈이다. 이를 통해 행복을 맛볼 수 있는 것은 물론 아직 절반이나 남아 있으니 오히려 이득이라고 할 수 있지 않을까?

극단적으로 말하면 절약하고 남은 돈은 나의 삶을 위해 모두 다 써 버려도 괜찮다. 설사 돈이 남지 않더라도 그때 느꼈던 만족감이 풍요로움을 낳으면 틀림없이 사용한 금액보다 더 많은 돈이 되어 되돌아올 것이다.

생계가 어려운 사람일수록 여유를 의식하라

돈이란 생활 속의 '여유'만큼 늘어난다. 항상 너무 바빠서 여유를 부릴 시간이 없다고 생각하는 사람도 있겠지만, 그런 사람일수록 의식적으로 여유를 만들어야만 한다.

여행을 가거나 따로 레저를 즐길 여유가 없더라도, 1년에 몇 번 정도는 레스토랑에서 식사한다든가, 월급날에는 맛있는 과자를 먹는다든가, 식탁에 좋아하는 꽃 한 송이를 장식해 두는 등 자신만의 작은 '즐거움'을 만들자. 즐거움은 곧 여유를 낳고, 그런 일들이 계속 쌓이면 자연히 돈이 모이는 체질로 변화한다.

또한 돈은 운수의 토양이 넓으면 넓을수록 쉽게 늘어난다. 돈이 아깝다며 아무 데도 가지 않고 자신만의 세계에 갇혀 있는 사람은 앞으로도 계속 돈을 얻기 힘든 가난한 체질에 머물고 만다.

지금부터라도 늦지 않았다. 비싸지 않아도 좋으니 맛있어 보이는 요리가 있으면 먹어 보고, 가고 싶은 장소가 있으면 찾아가 보며 가능한 한 '즐거운 일'을 많이 경험해 운수의 토양을 넓히자.

다양한 분야로 토양을 넓혀 두면 언젠가 그곳에서 큰 과실을 수확할 날이 온다. 특히 자녀가 있다면 어릴 때부터 즐거운 일을 많이 경험하도록 해야 한다. 그런 경험이 어른이 된 이후의 금전운으로 연결되기 때문이다.

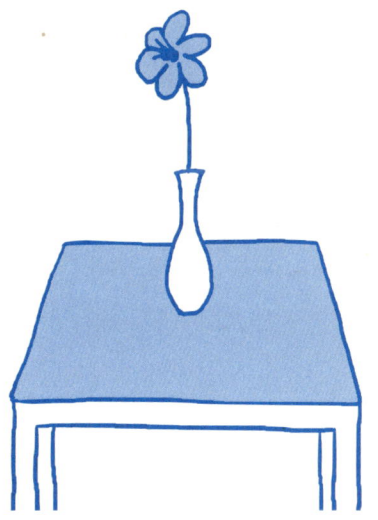

~ 간단 명쾌한 금전운 비법 ~

이런 사람은
돈을 모을 수 없다

방이 더럽다

금전운이 제일 싫어하는 곳이 더러운 방이다. 특히 악취, 잡균, 전자 제품 주위에 쌓인 먼지, 주방의 기름때 등은 돈을 소멸시키는 원인이다.

자세가 나쁘다

금전운은 여성의 가슴, 남성의 등에 깃든다. 새우등을 가진 남녀 모두 '돈'의 기운이 들어올 여지가 없어지므로, 돈이 모이지 않는다.

음식 재료의 낭비가 많다

싸다고 음식 재료를 잔뜩 샀다가 미처 다 쓰지 못하고 버리거나, 냉동실과 냉장고 안쪽 깊숙이 넣어 뒀다가 썩게 만들면 돈이 계속 흘러나가 자신에게는 아무것도 남지 않게 된다.

신발장이나 욕실에서 곰팡내가 난다

집안에 곰팡이가 피면 곰팡이의 양에 비례해 돈이 사라진다. 방에서 말리는 빨래나 사용한 타월에도 잡균이 쉽게 번식하니 주의하자.

깨끗하지 않은 신체

비듬이나 때는 탁한 '물'의 기운이며, 번들거리는 피부는 '불'의 기운에 속한다. 양쪽 모두 금전운의 적이다. 체취가 심한 사람도 주의가 필요하다.

수납공간이 엉망진창

옷장이나 수납장과 같은 수납공간은 '모으는' 운수와 관련된 공간이다. 잘 정리되어 있지 않으면 돈은 모이지 않는다.

지갑에는 필요한 돈+α를 넣어 둔다

앞서 돈을 모으기 위해서는 남겨야 한다는 점을 강조했다. 하지만 돈이 남지 않는다거나, 항상 돈이 있으면 있는 만큼 다 써 버리는 사람이 있을 수 있다. 그런 사람이 돈을 남기기 위해서는 작은 요령이 필요하다.

먼저 자신의 수입에서 전기 요금과 난방비 등을 제외하고, 지갑에 넣고 다닐 금액을 정하자. 이때는 항상 조금 남을 만큼 가지고 다녀야 한다는 점을 명심해야 한다.

이를테면, 매주 사용할 수 있는 금액이 30만 원이라고 하면 지갑에는 30만 원+α의 금액을 넣어 두어야 한다. 그러면 예정대로 30만 원을 다 사용했더라도 아직 +α가 남는다. 물론 사용한 금액이 적으면 더 많은 돈이 남지만 억지로 많이 남기려고 해서는 안 된다. 남는 돈은 아주 조금이라도 상관없다. 그 남는 돈이 설사 100원이라도 괜찮다. 다음 주에는 그 남는 돈을 따로 떼어 두고, 다시 새롭게 30만 원+α를 지갑에 넣고 다닌다. 이걸 반복하면 그만이다. 남은 돈은 봉투에 넣어 두고, 남을 때마다 계속 추가해 두자. 이렇게 하면 매번 늘어난다는 기쁨을 느낄 수 있기에 돈이 쉽게 불어난다.

가끔은 예상외의 지출이 계속 이어져 예산을 초과할 일도 있을지 모르지만, 처음에는 너무 걱정하지 말고 +α만큼 더 넣고 다니자. 특히 지금까지 예산을 정해 놓고 돈을 사용해 본 적 없는 사람은 무심코 예산을 초과해 돈을 사용하기 쉽지만, 항상 남기자는 의식을 가지고 생활하다 보면 틀림없이 돈은 남게 된다.

하지만 조심을 해도 지출이 예산을 크게 초과하는 사람이나 항상 남은 적이 없는 사람은 주의가 필요하다. 물론 예산이 넉넉하다면 자신이 사용할 돈의 한도를 더 늘리면 그만이지만, 예산을 늘릴 여유가 없다면 지출이 수입의 한도를 넘어서니 적자를 볼 수밖에 없다. 이런 일이 계속되면 돈이 늘어나기는커녕 반대로 부정적인 기운이 점점 확장되고 만다. 그런 사람은 예산의 '한도'를 의식하며 돈을 쓰는 습관을 들이는 동시에 가계부를 써서 자신의 돈의 흐름을 파악해 돈을 어디서 낭비하고 있는지 확인해야 한다. 낭비를 줄이고 수입과 지출의 균형을 맞추면 돈은 반드시 남게 된다.

통장 정리는
월급날에 한다

언제 통장 정리를 하는가? 공공요금이나 신용 카드의 결제일 직후에 통장 정리를 하고 있지 않은가?

통장 정리는 입금된 날 직후가 좋다. 다시 말해 기본적으로는 돈이 들어온 날에 해야 한다. 돈은 늘어나는 감각을 좋아하므로, 돈이 늘어났을 때 통장 정리를 하면 점점 더 쉽게 불어난다.

반대로 돈이 줄어든 날에 통장 정리를 하면 돈은 동료가 줄었다고 느껴 자신도 어서 도망치고 싶어 한다. 그러니 ATM에서 돈을 인출했다면 통장 정리는 하지 말자. 인출한 뒤에 예금이 얼마나 남았는지 확인해 보고 싶다면 통장 정리는 하지 말고 예금 잔액 조회만 하자. 그리고 월급날처럼 돈이 들어온 날을 잡아 한꺼번에 통장 정리를 하는 습관을 들이자.

그리고 저금용 계좌는 그냥 잊고 살다가 가끔 생각났을 때 통장 정리를 하는 정도가 좋다. 돈은 속박을 싫어하니,

너무 집요하게 확인하기보다 방임이 낫다. 잔액이 궁금해 자주 통장 정리를 하면 오히려 돈이 모이기 어려우니 주의하자.

～ 간단 명쾌한 금전운 비법 ～

금전운이 좋아지는 통장 보관법과 버리는 법

✱ 통장 보관법

통장은 지갑과 마찬가지로 침실 북쪽 방향 어두운 곳에 보관하자. 그대로 두어도 괜찮지만, 금전운을 더 좋게 하고 싶다면 실크 천에 감싸서 보관하는 게 좋다. 실크의 색은 흰색, 파스텔 옐로우, 핑크색, 라일락색 중 하나를 추천한다.

✱ 통장을 버려야 한다면

사용이 끝난 통장은 계속 보관하지 말고 바로 처분하자. 통장을 버릴 때는 가위로 가늘게 자르거나 파쇄기로 자른 후에 일반 쓰레기로 버려야 한다.
또한 이상하게 돈이 모이지 않는 계좌나 잔고가 거의 없고 입출금도 없는 방치된 계좌는 이번 기회에 해약하길 권한다. 금전운이 나쁜 계좌는 해약한 뒤, 통장의 마지막 장을 세로로 잘라 나쁜 금전운을 초기화한 후 파쇄기에 넣어 처리하자.

저금 계좌와 생활비 계좌는 따로 관리한다

저금용 계좌와 생활비 계좌는 따로 두고 관리해야 한다. 생활비 계좌는 입출금의 빈도가 늘어날 수밖에 없고, 공공요금과 신용 카드의 대금이 빠져나가 '줄어드는' 움직임이 많으니 돈이 잘 늘지 않는다.

진심으로 돈을 늘리고 싶다면 생활비 계좌와 별도로 출금 없이 입금만 하는 계좌를 만들어 정기적으로 입금만 하길 권한다. 생활비 계좌에서 매월 일정한 금액을 저금용 계좌로 자동 이체하여 저금해도 좋고, 생활비 계좌의 잔고를 저금 계좌로 입금하는 규칙을 정해 실천해도 좋다.

얼마나 저금할지는 자신의 수입과 지출의 균형에 달렸지만, 생활비 계좌가 너무 빠듯하면 오히려 풍요로운 생활에 압박이 가해져 돈이 늘어나기 힘드니, 어느 정도 여유를 두길 추천한다.

그리고 '여행용 계좌', '아이 학비용 계좌' 등 목적별로 계좌를 개설해 관리하는 사람도 있는데, 저금용 계좌를 너무 세분화하면 하나의 계좌에 들어가는 돈이 줄어들어 오히려 돈은 잘 늘어나지 않는다.

목적이 여러 개라고 해도 계좌는 '저금용'으로 통일하자. 그래야 큰돈이 더 쉽게 모인다.

~ 간단 명쾌한 금전운 비법 ~

저금운을 단련하는
3가지 방법

저금 습관이 없다면
일단 저금 체질부터 만들자

* 동전 저금

저금할 만큼 여유가 없다면 동전 저금을 추천한다. 은색 돈(50원, 100원, 500원)과 구리색 돈(10원)을 따로 나눠 모아 보자. 저금통에 저금해도 좋고, 2개를 준비하여 양쪽에 저금해도 좋다. 이 저금은 '저금 체질'을 만드는 게 목적이므로 한 번에 많이 저금할 필요는 없다. 지갑에 동전이 쌓이면 저금하자는 생각으로 마음 편히 시작해야 오래 지속된다. 또한 얼마나 모였는지 신경 쓰지 말아야 한다. 저금통을 빈번히 확인하면 오히려 돈이 잘 모이지 않으니 조심하자.

사치할수록 돈이 모인다

* 사치 저금

값비싼 신발이나 가방을 사고, 해외여행을 가거나 전신미용을 받는 등 작은 사치를 부릴 때마다 쓴 돈의 20~30퍼센트 정도의 금액을 저금하자. 부담스럽다면 10퍼센트라도 좋다.

이런 습관을 들이면 사치할수록 돈이 모이는 데다 사치를 부릴 때 항상 뒤따라오는 죄책감도 없앨 수 있으니 일거양득이다.

낭비를 줄이고 싶다면

* 대리 만족 저금

페트병에 든 차나 커피숍에서 마시는 커피, 편의점에서 사는 간식 등 매일 조금씩 무심코 지출하다 보니 어느새 큰 낭비를 하게 된 사람에게 어울리는 방법이다. 일주일에 3번씩 커피숍에 들른다면 2번으로 줄여 남는 돈을 사용한 셈 치고 저금통에 넣자.

음식을 먹은 셈 치고 저금으로 대리 만족을 하면 음식에서 얻을 수 있었던 기를 그대로 얻을 수 있으니 특히 추천하는 방법이다. 단, 너무 지나치면 오히려 풍요로움을 잃게 되니 조심하자. 저금 빈도는 늘어나도 일주일에 한 번. 한 번에 만 원 이내로만 저금하는 것이 좋다.

가계부를 쓰면
돈의 흐름이 바뀐다

낭비한 적이 없다고 생각했는데 막상 지갑을 보면 돈이 없는가? 그건 당신이 돈의 흐름을 파악하지 못한다는 증거다. 그런 사람은 대략적이라도 좋으니 가계부를 써 보자. 머릿속으로는 다 안다고 생각할지 모르지만, 그것만으로는 돈의 흐름을 파악할 수 없다. 가계부를 쓰면 지금까지 보이지 않았던 돈의 흐름이 보여 자신도 모르는 새에 나가는 돈을 줄일 수 있고, 돈이 출입하는 순환 사이클을 알면 돈의 흐름을 더욱 원활하게 만들 수 있다.

가계부를 쓰는 일도 즐겁게 해야 한다. 매일 써야 한다고 부담감을 느끼거나, 돈 계산이 맞지 않는다고 고민하지 말자. 목적은 돈의 전체적인 흐름을 파악하는 것이니 매일 쓰기 힘들다면 일주일에 한 번이라도 괜찮고, 계산이 맞지 않는다고 해도 상관없다. 스마트폰의 가계부 앱을 이용해도 되지만 가능하면 손으로 직접 써야 머릿속에 잘 남아 효과가 좋다.

기본적으로는 그냥 쓰기만 해도 효과가 있지만, 지출이 많다고 느낀다면 가끔 재검토하면서 낭비라고 생각되는 지출을 확인하여 적어 두면 좋다. 그런 일을 반복하면 의식이 바뀌어 쓸데없는 낭비를 줄일 수 있다.

~ 간단 명쾌한 금전운 비법 ~

금전운이 상승하는 가계부 쓰는 법

potint 1
비용은 대략적으로 분류하라

너무 세세하게 나누면 기록 자체가 귀찮아진다. '식비', '잡비', '자녀' 등 자신이 분류하기 쉽도록 대략적인 지출 항목을 만들자.

potint 2
생활비와 여가 활동은 별도 항목으로 구분하라

'가족과 외식', '케이크 구매' 같은 여가 활동은 음식 재료, 매일 쓰는 잡화 구매 같은 생활비 항목과 구분 짓자. 이렇게 하면 풍요로움을 쉽게 늘려갈 수 있다.

potint 3
메모란이나 여백에 남은 금액을 기록하라

남은 금액에 관심을 가지면 돈이 쉽게 늘어난다.

Chapter 4
돈을 불리는 소비법

소비는 새로운 금전운을 불러온다

 금전운을 좋게 한다는 말을 들으면 사람들은 대부분 '절약'이나 '저금'을 떠올린다. 하지만 사실 돈이란 나가지 않도록 단속만 해서는 늘어나지 않는다.

 돈이란 원래 순환하며 늘어나는 속성이 있기 때문이다. 작물은 흙 속의 영양분을 흡수해 싹을 틔우고(=탄생), 열매를 맺으며(=전성기), 이윽고 시들어 흙으로 돌아가(=소멸) 토양을 비옥하게 만든다. 돈의 순환 사이클도 마찬가지다. 들어온 돈이 나가고, 나간 돈이 다시 들어오는 순환의 고리가 새로운 돈을 창출해 낸다.

 만약 작물이 시들지 않고 계속 뿌리를 내리면 토양은 점점 힘을 잃어 결국에는 열매를 맺을 영양분까지 사라지고 만다. 절약이나 저금을 해서는 안 된다는 말은 아니지만, 그것에만 의지하면 금전운의 토양이 점점 약해지고 만다.

 소비는 익은 열매를 수확해 유용하게 활용하고, 그것을 통해 얻은 씨앗을 다시 흙으로 돌려보내 새로운 에너지를 생성하는 행위다. 따라서 돈의 순환 사이클에 없어서는 안 될 행동이다.

죽은 돈 대신
살아 있는 돈

앞에서 '돈은 써야 늘어난다.'라고 했는데, 물론 무턱대고 쓰기만 한다고 되는 것은 아니다.

돈의 사용법은 '살아 있는 돈'과 '죽은 돈'을 사용하는 두 가지로 나눌 수 있다. 살아 있는 돈은 자신의 즐거움을 위해, 이득이 되도록 사용하는 돈이고 이를 제외한 곳에 사용하는 돈을 죽은 돈이라고 한다.

'살아 있는 돈'을 쓰는 것은 돈을 살리는 방법이다. 이러한 돈은 선순환하며, 돈을 불러들이기에 언젠가는 큰돈이 되어 되돌아온다.

반대로 '죽은 돈'을 쓰는 것은 말하자면 낭비다. 배송비 무료를 위해서, 적립금을 위해서 별로 필요하지도 않은 물건을 산 경험이 누구에게나 있을 것이다. 그렇게 사용한 돈은 전형적인 죽은 돈이다. 내키지 않은 술자리에 억지로 참여하거나, 친구의 권유를 듣고 필요하지도 않은 물건을 사며 지출한 돈도 죽은 돈이다. 죽은 돈은 절대 다시 돌아오지 않는 것은 물론이고 다른 돈도 함께 데리고 빠져나가 사용하면 할수록 금전운을 나쁘게 만든다.

금전운이 좋은 사람이 되기 위해서는 죽은 돈이라 할 수 있는 지출은 줄이고, 사용하는 모든 돈을 살아 있는 돈으로 만들겠다고 결심하고 생활해야 한다.

~ 간단 명쾌한 금전운 비법 ~

죽은 돈이란?

* '3개에 만 원', '00원 이상이면 배송비 무료'라는 말을 듣고 별로 필요하지도 않은 물건을 추가로 사서 소비한 돈.

* 친구의 말을 듣고 필요 없는 물건을 사거나, 보고 싶지도 않은 영화를 보며 소비한 돈.

* 별로 내키지 않는 술자리나 이벤트에 예의상 참여하며 소비한 돈.

* 허영심을 채우기 위해 혹은 남들도 다 가지고 있다는 이유로 명품을 구매하며 소비한 돈.

살아있는 돈과 죽은 돈의 기준

지출한 돈이 '살아 있는 돈'인지 '죽은 돈'인지는 사람에 따라 다르다.

남이 뭐라든 자신이 만족한 소비라면 그 돈은 살아 있는 돈이고, 자신에게 가치가 없는 소비였다면 그것은 죽은 돈이다.

그러니 물건을 사기 전에 이것이 자신에게 가치가 있는지 없는지를 생각한 뒤에 돈을 내자. 무심코 사거나 적당한 선에서 타협을 보고 사는 등 어중간한 마음으로 소비한 것은 죽은 돈이 되기 쉬우니 주의해야 한다.

또한 아무리 죽은 돈을 사용하지 않으려 노력해도 기대했던 술자리가 별로이거나, 재미있을 줄 알고 본 영화가 무척 지루할 수 있다. 하지만 재미없었다고 생각하거나 손해를 봤다고 생각하고 끝내 버리면 소비한 돈은 죽은 돈이 되어 버린다.

이럴 때는 어떻게 하면 '죽은 돈'을 '살아 있는 돈'으로 바꿀 수 있을지를 생각해 보자. 이를테면 분위기는 별로였지만 요리는 맛있었을 수도 있고, 생각보다 재미없는 영화였지만 평소에 좋아하던 배우가 나와 반가웠던 경험처럼 어떠한 가치를 발견할 수 있다면, 시시했던 술자리의 회비와 재미없었던 영화 푯값도 모두 '살아 있는 돈'이 된다.

이렇게 모든 돈을 살아 있는 돈으로 바꾸는 습관을 들이면 죽은 돈을 썼다며 가슴이 철렁 내려앉는 일을 막을 수 있다. 그리고 다음부터는 더 깊이 생각한 뒤에 돈을 사용하게 되므로 죽은 돈을 쓰는 일을 크게 줄일 수 있다.

반대로 '괜히 갔어', '괜히 돈만 버렸네' 같은 불평만 하면, 돈에 관한 부정적인 감정이 부풀어 올라 돈이 더욱 멀리 도망가 버리니 조심해야 한다.

지나친 소비로는
행복을 얻을 수 없다

명품 가방이나 신발, 보석과 같이 자신이 가지고 있는 돈으로는 살 수 없는 값비싼 물건도 많다. 그런 물건을 구매하면 분명히 풍족한 기분을 맛볼 수 있을지 모른다.

하지만 풍요로움(='돈'의 기)이란 탄탄한 토양(='흙'의 기)이 있어야 비로소 얻을 수 있다. 자신의 소득으로 사기 힘든 물건을 무리해서 사면, 모래 위에 성을 쌓은 것이나 마찬가지라 결국에는 무너져 내리고 만다. 값비싼 물건을 사기 전에는 자신의 소득 수준에 비추어 그 물건을 사도 좋은지 깊이 고려해 봐야 한다. 무리해서 산 물건에서는 결코 진정한 행복을 얻을 수 없다.

만약 꼭 가지고 싶은데 돈이 부족하다면 당장 무리를 해서 사기보다는 돈을 모아서 사라. 그리고 물건은 가능한 한 현금으로 사야 한다. 현금이 없어 카드로 사야만 한다면 그 금액이 당장 통장에서 빠져나가도 괜찮을지 잘 생각해 보고 사자. 보너스가 있으니 괜찮다거나, 리볼빙 revolving(신용카드 대금 중 일부만 갚고, 나머지 결제 금액은 다음으로 연장해 갚는 제도)를 이용하면 된다고 생각하는 등 미래의 자금에 의지하고 싶은 마음이 들 수도 있지만 그러한 생각은 절대로 금물이다.

～ 간단 명쾌한 금전운 비법 ～

살아 있는 돈을 사용하는 사람이 되는 5가지 방법

① 다른 사람의 의견에 휩쓸리지 않고 '마음에 든 물건'만 산다.

② '지불하는 돈만큼의 행복을 얻을 수 있는가'를 고려해 본다.

③ 싸다거나 언젠간 쓸 일이 있을 거라는 이유로 물건을 구매하지 않는다.

④ 웬만해선 현금으로 사고, 카드로 사야 한다면 일시불로 사자. 당장 돈이 나가면 타격이 있을지 없을지를 생각해 본다.

⑤ 일단 사고 난 다음에 절약할 생각 말고, 값비싼 물건은 미리 돈을 모아서 산다.

집을 살 때는 예산에 여유를 둔다

가장 큰돈이 나가는 것은 역시 '집'이다. 자신의 요구를 모두 충족시킬 수 있는 집을 사려고 한다면 아무리 돈이 많아도 부족하다. 따라서 대부분은 어느 정도 타협을 하고 집을 산다.

하지만 이 '타협'은 복병이다. 물건을 사면 그 물품에는 마음이 깃든다. '이 돈으로는 어려우니 포기하자', '못 본 걸로 하자'라고 말하며 타협을 하면, 그 물건에는 그러한 마음이 깃든다.

집은 앞으로도 자신을 행복으로 이끌어 줄 공간이니 포기하며 아쉬워하거나 타협을 하기보다는 행복한 마음으로 골라야 한다. 따라서 집을 사기 위해 매물을 물색하기 전에는 예산에 여유를 두어야 한다. 예를 들어, 자신이 살 수 있는 집이 5억 원이라면 예산을 4억 5천 정도로 설정해 두는 것이다. 그러면 실제로는 5천만 원 정도의 여유가 있으니, 예산을 넘긴 매물도 후보에 넣을 수 있다. 단, 정말로 예산에 맞추기 힘든 값비싼 집은 절대로 보지 말아야 한다. 무심코 봤다간 예산에 맞는 집에서 느꼈던 반짝이고 두근거리는 느낌이 사라질 수 있으니 조심하길 바란다.

~ 간단 명쾌한 금전운 비법 ~

공간을 바꾸는 가구 선택법

가구는 집안의 분위기를 한층 업그레이드시켜 주는 중요한 요소이니 급한 대로 갖춰 두려 하거나 똑같은 세트로 통일하면 그만이라는 생각으로 골라서는 안 된다. 자신의 취향에 맞는 소파와 테이블 등의 가구는 하나하나 자신의 마음에 드는 것으로 고르자.

그렇지만 모든 가구를 값비싼 물건으로 갖춰 두려고 할 필요는 없다. 큰돈을 들이고 싶지 않다면 적당한 가격대의 가구점에서 사도 괜찮다. 그렇지만 하나 정도는 '비싸고 좋은 것'을 선택하자. 다른 가구가 저렴한 물건이라도 고급스러운 가구 하나로 공간이 고급스럽게 재단장된다.

그리고 소재가 저렴해 보이는 가구를 고급 가구와 나란히 놓으면 아무래도 차이가 크게 나 보인다. 가격대의 차이가 있다면 가구 소재의 질감만큼은 비슷한 것으로 맞추자.

토지와 집은 마음에 여유가 있을 때 산다

집이나 토지는 몸과 마음의 상태가 좋은 시기에 사야만 한다. 풍수에는 '동질결집同質結集'이라는 법칙이 있다. 마음이 부정적으로 흐르는 시기에 집을 보면 더욱 자신의 마음을 부정적으로 만드는 집을 선호하게 된다는 의미이다.

그뿐만 아니라 집은 돈을 창출하고 만드는 금전운의 토대다. 마음에 여유가 있을 때 집을 고르면 그 집에서 돈을 '창출하는' 기와 '모으는' 기를 강하게 얻을 수 있다. 반대로 마음의 여유가 없는 상태에서 집을 고르면 그 집은 돈을 '소모'하고 '잃게 만드는' 기운을 강하게 뿜어낸다. 어디가 금전운이 더 좋을지는 너무나도 명백하다.

집을 사면 주거 환경이 확 바뀌게 되는데, 주거 환경 변화는 사람의 환경 변화 중에서도 매우 큰 변화에 속한다. 풍수에서는 변화가 운을 불러들인다고 본다. 따라서 결혼, 출산, 승진 등 축하할 만한 환경의 변화가 일어나는 시기에 집을 사면 긍정적인 기운이 더 강해지고 운이 좋아진다. 다만, 임신 중이거나 가족이 병환을 앓고 있다면 변화의 기운이 나쁜 방향으로 작용할 수도 있으니 조심해야 한다. 태어나는 아이를 위해 더 큰 집으로 이사하길 원한다고 해도 아이가 태어난 다음에 집을 사길 추천한다.

～ 간단 명쾌한 금전운 비법 ～

투자용 부동산은 여유 자금으로 구매한다

투자를 위해 부동산을 구매할 예정이라면 자신이 사는 곳이 아니니 구매 타이밍을 굳이 따지지 않아도 된다. 그렇지만 부동산 수익이 곧 생계 자금이라면 투자를 해서는 안 된다. 투자하고자 한다면 생활에 필요한 자금을 확보하고 남은 돈, 다시 말해 '여유 자금'으로 해야 한다.

그리고 투자용 부동산을 구매하면 은근히 수익을 내야 한다는 압박감이 생기는데, 그 부동산에 거는 기대가 크면 클수록 돈은 도망가 버린다. 만약 큰 수익을 내지 못해도 이 부동산은 남으니 상관없다며 홀가분한 마음으로 지내야 더 큰 이익을 얻을 수 있다.

투자는 돈의 순환을 촉진시킨다

주식, 투자 신탁, 외화 예금 등을 비롯한 투자는 돈을 움직이게 만들어 돈의 흐름에 변화를 주므로 돈의 순환을 촉진하는 작용을 한다. 특히 회사원처럼 소득이 일정한 사람일수록 효과가 크다. 물론 투자에는 항상 위험이 따르기 마련이라 돈의 여유가 없는 사람에게는 결코 추천할 수 없지만, 은행 계좌에 여윳돈이 잠들어 있는 사람은 그 일부라도 좋으니 투자해 보길 권한다. 큰 위험을 무릅쓰고 싶지 않은 사람이라면 해외여행에 갔다가 남은 외국 돈을 그대로 외화 예금에 예치해 보자. 그렇게만 해도 돈의 순환이 활발해진다.

또한 투자는 소액이라도 장기 투자를 해야 돈이 활발히 순환한다. 투자 수익은 '창출된 돈'이므로 이익이 나오면 그만큼 자신의 만족스러운 삶을 위해 사용하고, 원금은 계속 투자하자. 그러면 더욱 창출하는 기운이 강해진다. 투자로 얻은 이익은 집의 대출이나 생활비를 위해 쓰지 말고 여행이나 온천, 전신미용, 조금 값비싼 외식 등 인생의 풍요로움을 위해 쓰자.

단, 아무런 지식 없이 투자하면 반드시 손해를 보니 조심해야 한다. 다른 사람이 추천해 줬다는 이유만으로 시작해선 오히려 손해를 보기 쉽다.

~ 간단 명쾌한 금전운 비법 ~

중고거래 사이트나 플리 마켓은 재미로 참여하라

더는 입지 않게 된 옷이나 가방, 헌책, 아이들의 장난감 등을 플리 마켓이나 중고거래 사이트에서 파는 사람을 자주 본다.

이러한 플리 마켓이나 중고거래 사이트는 고정 수입 이외의 '여윳돈'을 늘리기에 딱 좋은 곳이다. 하지만 미리 준비해 당일에 판매해야 하고 구매자와 대화도 해야 하니, 그 과정을 즐기지 못하는 사람이라면 오히려 부담이 되기도 한다.

꼭 돈을 벌어야겠다거나 반드시 본전을 찾겠다고 신경이 바짝 곤두서면 돈이 도망가 버리니, 조금이라도 이익이 되면 좋겠다는 가벼운 생각으로 판매하길 권한다. 그리고 이익이 나오면 그중 몇 퍼센트 정도는 자신의 풍요로움을 위해 사용하자.

함께 참가한 가족이나 친구와 맛있는 음식을 먹어도 좋다. 많이 벌지 못해도 번 돈에서 풍요로움을 창출하면 금전운은 좋아진다.

주식 투자의 3대 원칙

투자라는 말을 들으면 가장 먼저 '주식'을 떠올리는 사람이 많다.

주식 투자는 다음의 세 가지 원칙이 있다.

- 잘 조사해 스스로 판단해 산다
- 욕심을 내지 않는다
- 한 바구니에 담지 않는다

오해하는 사람이 많은데 주식이란 돈이 아니라 '상품'이다. 보통은 아무런 정보가 없는 상품을 사려고 하지 않는다. 주식도 마찬가지다. 주식을 사고자 한다면 철저히 조사하고, 그 종목을 살펴본 뒤에 자신의 판단으로 사야 한다. 결코 다른 사람의 '추천'을 받아 아무 생각 없이 사서는 안 된다.

목표액을 정해 두고 그 목표가 달성되면 더는 욕심을 부리지 않는 강한 의지도 중요하다. 주식은 끝없이 변하므로, 욕심을 부리면 그 욕심이 '움직임'의 기운에 휩쓸린다.

따라서 계속 장세에 떠밀리고 떠밀려 돈은 멀리 떠나 버리고 만다. 주식의 움직임에 휩쓸리지 않고 자신만의 철칙을 지키는 사람이 아니면 주식으로 성공할 수 없다.

또한 한 종목에만 집중 투자하면 돈은 가까이 다가오려 하지 않는다. 여러 종목을 조금씩 사고, 주식 외의 다른 투자도 병행하는 등 가능한 한 분산 투자를 하도록 하자.

또한 주식뿐만 아니라 모든 투자는 여유 자금으로 투입해야 한다. 시작하기 전에 만약 손해를 봐도 그 종목에 투자한 돈을 '없었던 돈'이라 치고 포기할 수 있을지 한번 생각해 보자. 어차피 놀던 돈이었으니 괜찮다거나, 쓰고 남은 돈이었으니 없어도 상관없다고 포기할 수 있다면 괜찮다. 하지만 그럴 수 없는 돈이라면 주식 투자는 다시 생각해 봐야 한다.

데이 트레이딩을
추천하지 않는 이유

데이 트레이딩^{day trading}이란, 매입한 주식을 그날에 다시 팔거나, 매각한 주식을 그날 다시 되사는 투자 기법을 말한다.

짧은 시간에 많은 거래를 하므로 자금 효율이 좋고 적은 자금으로도 어느 정도의 이익을 낼 수 있다는 장점이 있지만, 풍수적으로 보면 그다지 추천할 수 없다.

데이 트레이딩으로 이익을 내기 위해서는 매매 타이밍이 매우 중요하다. 돈을 벌기 위해서는 빈번하게 장세를 살펴야만 한다. 그렇기에 집안일을 하든 직장 생활을 하든, 장세가 신경 쓰여 일이 손에 잡히지 않게 된다.

그래서는 항상 돈 걱정을 하는 것과 같다. 그런 생활을 보내면 만일 거래로 이익을 본다 해도 금전운이 따르지 않는다.

또한 거래 기간이 1일 단위라 손절損切도 쉽지만, 당일에 손해를 만회하려고 혹은 내일 당장 손해를 만회하려고 하다가 그만둘 타이밍을 놓쳐 결과적으로는 거듭 손해를 보기도 한다.

그런 단점을 알면서도 꼭 해 보고 싶다면 '손해가 000원이 되면 그만두겠다.' 같은 자신이 꼭 지켜야 할 규칙을 만들자. 그리고 꼭 지키도록 하자. 그러지 않으면 큰 손해를 보게 된다.

빚은 마이너스 금전운이다

흔히 '큰일을 하려면 빚도 필요하다.'라든가 '빌릴 수 있다면 빌려야 한다.'라고 말하는 사람도 있지만, 그 말을 곧이곧대로 받아들여서는 안 된다.

빚은 금전운을 마이너스로 만드는 기운이다. 금전운은 제로에서 시작해도 계속 늘어날 수 있지만, 마이너스 기운에서는 아무것도 창출할 수 없다. 게다가 조금이라도 마이너스 기운이 존재한다면, 그 기운이 더 큰 마이너스 기운을 불러들인다. 따라서 결국에는 이득과 손실이 상쇄되며, 그 상태에서 다시 플러스로 전환하기가 무척 어렵다. 한마디로 큰 빚이 있는 사람은 금전운을 좋게 만들기 위한 출발선에도 서기 힘들다. 금전운이 좋은 사람이 되고 싶다면 되도록 빚을 지지 말자.

소액의 빚이라도 마찬가지다. 한 번 정도는 괜찮지 않을까 생각할지도 모르지만, 그 단 한 번의 빚이 사람을 가난한 체질로 만든다.

물건을 자주 카드로 사는 사람도 주의해야 한다. 특히 리볼빙revolving(신용카드 이용 금액의 일부만 갚으면 나머지는 다음 결제 대상으로 연장되는 제도)을 이용하거나 보너스가 나오는 달을 생각해 카드를 사용하는 등 신용 결제를 당연하게 사용하고 있다면 빚이 습관이 된 상태다.

그런 사람은 카드를 모두 처분하고 물건을 현금으로만 사자. 그렇게까지 하기 힘들다면 카드의 수를 줄이고 가능한 한 사용하지 않아야 한다. 어쩔 수 없이 사용해야 한다면 일시불 결제만 이용하자.

그에 더해 사용한 금액을 3번 이상 머릿속에 되뇌며 기억하자. 자신이 무엇에 얼마나 돈을 썼는지 자각하는 것이야말로 빚을 지지 않는 첫걸음이다.

Chapter 5

일상에서 따라하는 금전운 상승법

미소가 금전운을 불러온다

같은 환경에 사는데도 돈이 자연히 모이는 사람과 그렇지 않은 사람이 있다. 이러한 차이는 어디에서 비롯되는 것일까?

돈이 자연히 모이는 사람은 '금전운 체질', 다시 말해 돈이 좋아하는 체질을 지닌 사람이다. 금전운 체질은 선천적으로 타고나는 성질이 아니라 매일의 습관, 사물에 관한 견해, 말버릇 등을 어떻게 관리하느냐에 따라 일상생활 속에서 기를 수 있다. 반대로 말해 어떤 사람이든 금전운이 따르는 생활 습관과 견해를 익히면 금전운 체질이 될 수 있다.

금전운 체질이 되기 위한 가장 간단한 방법은 '미소'다. 돈은 즐거운 마음을 매우 선호한다. 항상 생글생글 웃으며 즐겁게 산다면 자연히 돈은 모여든다. 반대로 무뚝뚝한 사람, 다른 사람이 즐겁게 사는 모습을 냉소적으로 바라보는 사람, 항상 미간을 찌푸린 사람 곁으로는 돈이 모여들지 않고 점점 멀어진다.

물론 때로는 괴로운 일이 있어 웃기 힘든 날도 있기 마련이다. 그런 날에는 코미디 방송이나 영화를 보고 웃기만 해도 충분하다. 그리고 아침에 일어난 후와 자기 전에 거울 앞에 서서 생긋 웃는 습관을 기르기를 추천한다. 표정만이라도 매일 웃고 있으면 그것만으로도 '긍정적인' 운수가 풍성해진다.

～ 간단 명쾌한 금전운 비법 ～

금전운을 부르는 말 습관

'행복해', '맛있어'처럼 자신과 주변 사람을 행복하게 만들어 주는 말을 마음속에만 담아 두지 말고 실제로 말하는 습관을 들이자. 소리 내어 말하면 말할수록 더욱 풍요로워진다.

'맛있어'
'재미있어'
'고마워'
'요즘 금전운이 좋아졌나 봐'
'예쁘다'
'나이스'
'운이 좋은걸'
'행복해'
'즐거워'
'난 행운아야!'

머리카락, 피부,
눈동자가 깔끔한 사람

여성의 머리카락, 피부, 눈동자는 '물'의 기운을 띤다. 이를 촉촉하고 깔끔하게 유지하면 풍성한 물의 힘으로 돈을 점점 늘려갈 수 있다.

머리카락은 항상 광택이 나도록 관리하자. 샴푸는 천연 유기농 제품이 좋지만, 거품이 잘 나지 않아 쓰기 불편하면 금전운에 좋지 않다. 따라서 성분과 편리성 모두를 고려해야 한다.

또한 두피의 모공에 피지가 끼어 있으면 금전운의 순환도 멈춰 버리니, 두피 스케일링이나 마사지 등을 통해 정기적으로 피지를 제거해 주자. 두피와 귀 뒤쪽 등 보이지 않는 부분에 금독이 쉽게 쌓이므로 금독을 정화하기 위해선 꼭 두피를 마사지하길 바란다.

남성의 머리카락은 '불'의 기운에 속하므로, 관리를 게을리하면 화독火毒이 쌓여 돈이 불탄다. 그러니 남성도 여성과 마찬가지로 자주 두피 스케일링나 마사지를 활용해

피지를 제거하여 화독을 정화하기 위해 노력하자.

피부는 보습이 가장 중요하다. 세안과 입욕 후에는 스킨, 로션 등 화장품을 발라 촉촉함을 유지하자. 로즈, 피치, 바닐라 등 달콤한 향이 나는 보디로션을 가슴과 목 주변에 바르는 것도 금전운을 높이는 데 효과적이다. 햇볕에 포함된 자외선은 금전운을 불태우니 햇살이 강한 계절에는 자외선 차단도 잊지 말길 바란다.

또한 눈동자가 깔끔한 사람은 금전운이 좋아질 가능성이 크다. 평소 블루베리처럼 눈에 좋은 음식을 자주 먹고, 컴퓨터나 스마트폰은 오래 사용하지 않도록 주의하자. 눈이 피로해지기 쉬운 사람은 자주 안약을 사용하고, 안대를 써서 눈을 쉴 수 있게 배려해야 한다. 눈을 쉬게 해 주고 피로를 풀어 주면 눈동자는 반짝반짝 빛난다.

여성의 풍성한 헤어스타일이 돈을 부른다

금전운이 좋은 여성이 되고자 한다면 풍성하고 부푼 헤어스타일을 유지하자. 돈을 순환시키고 돈의 기운을 불러들여 준다.

길이는 다양한 스타일링이 가능한 세미롱이나 롱헤어가 좋다. 앞머리의 스타일을 물 흐르는 듯한 인상으로 꾸며 보자. 돈의 순환이 더욱 원활해진다. 싹뚝 잘라 일자로 가지런히 자른 머리는 그다지 추천하지 않는다.

머리카락이 짧은 사람도 풍성하고 부푼 느낌이 되도록 신경 쓰자.

헤어스타일은 매일 바꾸기보단, 매주 1~2일만 변화를 주어야 금전운 상승에 효과적이다. 헤어 액세서리도 진주로 장식된 제품이나 반짝이는 제품을 추천한다. 하지만 윤이 나고 깔끔한 머리카락이 아니라면 아무런 효과가 없으니 머리 관리를 게을리하지 않도록 주의하자.

~ 간단 명쾌한 금전운 비법 ~

금전운을 부르는 화장은 둥그스름이 포인트

금전운을 불러들이기 위해서는 '둥그스름'한 느낌이 필수적이다. 전체적으로 부드럽고 둥그런 분위기로 마무리하자.

* 눈화장 *

금전운을 높이기 위해 눈을 둥글고 귀엽게 보이도록 만들자. 눈의 가장자리를 강조한 '처진 눈 메이크업'도 좋다. 눈꼬리에 포인트로 흰색을 넣으면 재물운이 상승한다.

* 입술 *

아랫입술을 조금 크게 그린 뒤에, 립글로스로 볼록하고 촉촉하게 마무리한다.

* 뺨&코 *

치크는 밝은색을 선택하여 광대뼈의 꼭대기에 부드럽고 둥글게 넣어 준다. T존을 하이라이터로 밝게 하면 금전운이 상승한다.

* 눈썹 *

부드럽고 둥글게 라인을 그린다. 눈썹의 인상이 표독하면 금전운이 낮아진다. 정리하지 않은 눈썹도 금전운을 떨어뜨린다.

남성의 헤어스타일은 자연스럽게

금전운이 따르는 사람이 되고 싶다면 남성의 경우 깔끔한 머리 모양을 유지해야 한다. 너무 화려한 머리 모양이나 눈에 띄는 머리 모양은 '불'의 기운이 강해지니 피하는 게 무난하다. 덥수룩한 머리 모양은 비교적 깔끔해 보이지 않으므로 짧고 산뜻한 이미지를 유지하는 것이 좋다. 수염을 기른다면 다박수염(촘촘하게 난 짧은 수염)으로 보이지 않도록 자주 손질을 하도록 하자.

머리를 정리하는 헤어스프레이나 포마드는 화학적 성분(='불'의 기운)이 포함되어 있으니 너무 많이 사용하면 금전운이 낮아진다. 포마드를 사용하고자 한다면 가능한 한 가벼운 질감이며 천연 성분인 상품을 고르고, 너무 많이 사용하지 않도록 주의하자.

또한 남성은 여성보다 피부에 크게 신경 쓰지 않는 사람이 많은데, 피부 상태에 따라 금전운은 크게 변한다. 특히 피부가 지성이라면 돈의 변동이 급격해지기 쉬우니 자주 기름종이 등으로 피지를 제거해야 한다.

~ 간단 명쾌한 금전운 비법 ~

금전운이 좋은 사람은 이가 깨끗하다

이는 '금'에 속하는 부위이므로 부자가 되고 싶다면 이를 철저히 관리해야 한다. 입안에 잡균이 있으면 금전운이 나빠지니 이를 꼼꼼히 닦는 습관을 기르자.

직장에 치약과 칫솔 세트를 놔두어도 좋고, 이를 닦기 어렵다면 구강 청결제를 가지고 다니기만 해도 효과가 있다. 칫솔과 치약 등의 용품에도 관심을 가져야 한다. 향기를 기준으로 치약을 고르는 것도 한 가지 방법이다.

이 중에서도 어금니 가장 안쪽에 있는 사랑니는 돈을 점점 사용해 흘려 보내는 무서운 성질이 있다. 충치가 생기기 전까지 그냥 내버려 두는 사람도 많지만, 사랑니가 있으면 낭비가 심해지니 가능하면 빨리 뽑길 권한다.

이의 표면이 노란 사람도 금전운의 기운을 잃기 쉬우니 치과에 가서 정기적으로 클리닝을 받자.

또한 치열과 금전운은 비례한다. 극단적으로 치열이 고르지 못한 사람은 가능하다면 치아 교정을 고려해 보길 권한다.

돈이 좋아하는 패션
- 여성 편

　금전운이 따르는 여성 패션의 포인트는 '원'이다. 둥근 소매, 라운드 넥, 라인에 볼륨감이 살아 있는 원피스, 플레어스커트 등 둥그런 형태의 옷을 준비하자. 넉넉한 니트나 실크 소재의 옷도 '돈'의 기운을 불러들인다.

　코디의 포인트는 '우아함'이다. 캐주얼한 옷도 우아한 액세서리를 이용해 품위 있게 보이도록 노력하자. 비싼 옷을 입는다고 그만큼 금전운이 좋아지지는 않는다. 고급 브랜드의 옷이라도 착용감이 나쁜데 참고 입는다면 금전운은 나빠진다. 팔을 움직이기 힘든 재킷이나 너무 꽉 조여서 답답한 옷은 가능하면 피하자.

　코디의 중심이 되는 색은 돈을 창출하는 갈색, 베이지색과 돈을 늘려 주는 흰색을 추천한다. 신발과 소품을 갈색이나 베이지색으로 통일하면 돈을 쉽게 모을 수 있다. 검은색은 현재의 모습을 고정하는 효과가 있으므로 금전운을 위한 기본색으로는 어울리지 않는다.

~ 간단 명쾌한 금전운 비법 ~

금전운이 풍성해지는 속옷 고르기

금전운에서 속옷은 중요하다. 기능성도 중요하지만, 외형도 중요하다. 여성의 경우 레이스가 달린 속옷을 고르는 것이 좋다. 색상은 파스텔 옐로우, 크림색, 흰색, 베이비핑크 등이 특히 좋다. 금색이나 은색이 포함된 색도 추천한다. 단, 속옷이 너무 조이면 금전운에 부담이 가므로 주의해야 한다.

소재는 실크가 가장 좋지만, 질감이 좋다면 굳이 실크가 아니어도 된다. 하지만 직접 피부에 닿는 부분은 코튼처럼 천연 소재를 사용한 제품을 고르길 바란다.

~ 간단 명쾌한 금전운 비법 ~

금전운이 풍성해지는 패션 소품

심플하고 미니멀한 패션이라고 해서 금전운이 좋아지지는 않는다. 금전운을 풍성하게 만들고 싶다면 액세서리, 스톨, 벨트 등의 패션 소품으로 +α를 연출해 보자. 이러한 연출이 능숙해지면 자연히 돈도 늘어난다.

스카프, 숄

몸에 두르는 패션 소품은 부족한 금전운을 보충해 주는 아이템이다. 실크나 울거즈 등 부드럽고 촉감이 좋은 원단을 선택하자.

시계

'현재의 자신보다 한 단계 위'인 제품을 차면 그에 맞춰 금전운도 한 단계 올라간다. 여성은 품위 있는 시계를 주로 차고 다니다가도, 근무 시간이 끝난 뒤에는 아기자기한 스타일의 시계를 차는 것이 좋다. 어느 것이든 시계는 둥근 것을 고르길 권한다.

벨트

모으고 연결하는 힘을 지닌 아이템이다. 굵기와 색이 다른 벨트를 여러 개 준비하고 때에 따라 적절히 사용하자. 쓸데없는 소비가 많은 사람도 벨트를 매면 지출을 줄일 수 있다.

가방

금전운을 좋게 하는 형태는 원형, 원통형, 바닥이 넓은 사다리꼴형이다. 너무 크거나 무거운 가방은 피하자. 백참bag charm(가방에 달고 다니는 장신구)이나 스카프, 코르사주corsage(의복 앞부분에 다는 꽃 장식) 등으로 다양하게 변화를 주는 것도 추천한다.

신발

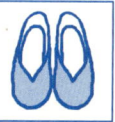

시간과 장소, 경우에 맞는 신발을 신도록 하자. 트렌드를 따르면서도 금전운을 좋게 하고 싶다면 라인이 둥글고 걷기 편한 신발을 추천한다.

천연석 액세서리

천연석 액세서리는 '금'의 기운을 지닌 운세 아이템이므로 꼭 몸에 지니고 다니길 권한다. 새로 살 예정이라면 지금 가지고 있는 천연석보다 한 단계 위의 액세서리를 골라 금의 기운을 업그레이드하자.

팔찌

천연석이 달린 제품 또는 두 줄로 된 제품을 추천한다. 파워 스톤 팔찌는 노골적으로 티가 나지 않는 세련된 디자인을 고르길 추천한다. 왼손은 만남을 부르는 손이므로 금전운을 원한다면 오른손에 차자.

돈이 좋아하는 패션
- 남성 편

 남성의 금전운 패션은 '옷깃'과 '소매'가 포인트다. 남성은 목 뒤에서 기운을 흡수해 손 근처에서 확장하는 성질을 지녔다. 넥타이를 매지 않았더라도 옷깃과 소매만큼은 반듯하게 유지하자. 셔츠에 다리미질하기가 힘들다면 사기 전에 형상 기억 섬유인지 확인하고 사길 추천한다.

 신발과 시계도 신경 써야 할 부분이다. 신발은 여러 종류를 갖춰 놓고 TPO(시간, 장소, 경우)에 맞춰서 골라 신도록 하자. 특히 쉬는 날이라고 스니커즈만 신지 말고 보트 슈즈(가죽이나 캔버스 소재로 만들어진 여름용 신발)나 샌들 등 여러 종류의 신발을 신길 권한다. 또한 신발의 착용감이 나쁘면 돈을 모으는 힘이 약해지니 신발을 고를 때는 반드시 신어 보고 구매하자. 신발의 냄새는 금전운을 나쁘게 만드니 냄새 제거 효과가 있는 슈트리(구두 안에 넣는 구두 모양의 틀)를 사용하고, 가끔 그늘에 말려 냄새를 제거해야 한다.

시계도 신발과 마찬가지로 TPO에 따라 나눠서 차고 다녀야 한다. 직장용 시계는 자신의 사회적 지위를 나타내는 소품이므로 '지금의 자신보다 한 단계 위'인 물건이어야 한다. 그 이외 상황이나 패션에 맞춰 스포츠 타입의 시계, 아기자기하고 컬러풀한 시계 등을 사용하면 금전운이 더욱 풍성해진다.

간단 명쾌한 금전운 비법

남성의 패션은 색다른 센스가 중요하다

남성은 꼭 '색다른 센스'를 중요하게 생각하길 바란다. 단색 셔츠지만 소매의 단추만큼은 다른 색이라든가, 색이 다른 자수가 들어간 셔츠를 입는 등 색다른 센스가 더해진 옷을 입자. 그렇게 하면 일이나 인간관계가 즐거워지며 돈도 쉽게 늘어난다. 재킷이나 셔츠의 소매 안감이 겉감과 달라 팔을 걷을 때 뒤의 원단이 슬쩍 드러나도 세련돼 보인다.

무늬가 있는 양말을 신거나, 스니커즈의 신발끈을 다른 색으로 바꾸어 보는 것도 추천한다.

~ 간단 명쾌한 금전운 비법 ~

금전운을 부르는 보석 8선

\ 1 /
다이아몬드

금전운뿐만 아니라 거의 모든 운을 불러들이는 만능 보석이다. 소유자를 대신해 나쁜 기운을 흡수하며, 재난을 막아 주는 역할도 한다. 금속에 깨알 같은 다이아몬드를 촘촘하게 박은 파베 다이아몬드는 힘이 약하니 크기가 작더라도 다이아몬드가 중심인 디자인을 선택하자.

즐겁게 사용할 수 있는 돈을 늘려 주는 효과가 있으며, 여성이 지닌 운을 전반적으로 올려 주기도 하는 보석이다. 특히 바다에서 채취한 진주는 돈을 계산하는 힘을 부여한다. 담수(강이나 호수 등 염분이 없는 물)에서 채취한 진주는 금전운보다는 연애운을 원하는 사람에게 더 어울린다.

\ 2 /
진주

\ 3 /
마노

금전운의 순환을 촉진하는 동시에 큰 재물운을 불러들이는 보석이다. 특히 크림색에서 노란색을 띠는 마노가 금전운을 좋게 만드는 데 효과적이다. 액세서리로 이용해도 좋고, 은행의 인감도장 재료로 사용하는 것도 추천한다.

'팬텀'이라고 불리는 산 같은 결정이 내부에 여러 겹으로 층을 이루고 있는 수정이다. 수정 중에서도 희소가치가 높아, 재물운을 불러들이는 힘이 강하다. 지금 자신에게 없는 물건을 가져다주는 힘도 있다.

\ 4 /
팬텀 쿼츠

\ 5 /
사파이어

강력한 재물운과 사회적 지위의 운세를 가진 보석이다. 핑크 사파이어는 사회적 지위가 높은 사람과 인연을 맺어 주어 일명 '인생 역전 보석'이라 불린다. 블루 사파이어는 사회적 지위를 부여해 주며, 부적 역할도 한다.

즐거움과 풍요로움을 가져오는 보석이다. 토파즈 중에서도 브라질산으로 약간 붉은 빛이 도는 노란색 토파즈는 '임페리얼 토파즈'라고 불리며, 차원이 다른 금전운과 재물운은 물론 사회적 지위 운도 가져다준다.

\ 6 /
토파즈

\ 7 /
탄자나이트

많은 재물운을 부르는 보석이다. 물리적인 풍요로움뿐만 아니라 정신적인 풍요로움에도 도움이 된다. 여성이 장식하고 있으면 지위가 높은 사람이 쉽게 호감을 보이는 부수적인 효과도 있다. 청초하고 품위 있는 패션에 맞춰 장식하길 권한다.

비취(반투명체로 된 짙은 초록빛의 윤이 나는 결정)는 소원, 특히 금전운과 관련된 소원을 딱 하나 들어 주는 보석이다. 그중에서도 라벤더 경옥의 힘은 매우 강력해서, 큰 소원을 이루어 주는 힘이 있다. 귀걸이나 팔찌 등 피부에 닿는 곳에 장식하면 강력한 힘을 발휘한다.

\ 8 /
비취

첫 보석이라면 한 알짜리 진주 목걸이

앞선 간단 명쾌한 금전운 비법에서 금전운을 부르는 보석을 소개했지만, 무엇을 먼저 구매하면 좋을지 망설이는 사람도 있으리라 생각한다. 그래서 가장 효율적으로 금전운을 좋게 만들려면 어떤 보석을 구매해야 하는지 소개하고자 한다. 물론 소개하는 그대로 구매할 필요는 없지만, 앞으로 보석을 구매할 예정인 사람이라면 꼭 참고하길 바란다.

여성이라면 가장 먼저 진주 목걸이를 구매하길 추천한다. 진주가 목걸이 전체를 휘감은 타입도 좋지만, 평소에도 자주 걸고 다니고자 한다면 한 알짜리 진주 목걸이가 부담이 없어 좋다. 색상은 은색이나 백금색보다는 금색이 무난하다.

그다음으로 구매한다면 사파이어가 좋다. 미혼이라면 핑크 사파이어, 기혼이라면 사회적 지위의 상승으로 연결되는 블루 사파이어를 추천한다. 단, 결혼 후에도 승진을

목표로 직장에서 열심히 일하는 중이라면 핑크 사파이어도 괜찮다. 사파이어를 액세서리로 활용하려면 클래식한 디자인의 귀걸이나 목걸이를 추천한다.

보석을 잘 모르는 초심자라면 이 두 종류의 보석만으로도 일단은 충분하지만, 만약 여유가 된다면 꼭 한 알짜리 다이아몬드 목걸이도 마련하길 바란다. 같은 가격이라면 작은 다이아몬드 여러 개가 장식된 목걸이보다는 큰 한 알짜리가 장식된 목걸이가 금전운을 더 크게 불러온다. 다이아몬드는 큰 기회를 가져다주는 힘도 있다. 인생의 전환점이라 생각되는 시기마다 목걸이와 귀걸이를 하나씩 장만하는 것도 좋다.

그에 더해 금전운 상승을 완전하게 이루고 싶다면 비취 팔찌를 선택하길 권한다. 비취는 색상이 다양하므로 자신의 취향에 맞는 색상을 고르면 된다.

~ 간단 명쾌한 금전운 비법 ~

보석을 구매할 때
주의해야 하는 4가지

potint 1
자신의 컨디션이 좋을 때 구매하라

컨디션이 나쁘거나 기분이 우울할 때 보석을 구매하면 힘이 없는 보석에 이끌리게 된다. 만약 컨디션이 나쁜 날에 마음에 드는 보석을 발견했다면 바로 사지 말고 몸이 회복된 이후에 한 번 더 본 뒤 구매하길 권한다.

potint 2
느낌이 좋은 가게에서 구매하라

백화점, 보석 전문점, 인터넷 쇼핑몰 등 어디에서 사든 상관없지만, 유난히 느낌이 좋거나 마음에 드는 가게가 있다면 그 가게에서 구매하길 권한다. 다만 할인점과 같이 물건을 덤핑하는 가게에서는 사지 않길 바란다.

potint 3
처음부터 가격을 보지 말아라

처음부터 가격을 보면 절로 그 가격을 기준점으로 생각하게 된다. 가격보다는 먼저 자신이 좋아하는 보석을 찾자. 마음에 드는 보석을 발견했다면 그때 비로소 가격을 확인하도록 하자.

potint 4
현금으로 구매 가능한 보석을 찾아라

지금 가지고 있는 현금으로 구매할 수 있어야 적정 가격이라 할 수 있다. 너무 비싸 사기 힘든 보석은 지금의 자신과는 인연이 없다고 생각하고 포기하자. 무리해서 비싼 보석을 사면 오히려 운이 나빠지는 결과로 이어지니, 구매하지 못한 물건에 집착하지 않도록 주의해야 한다.

좋은 향기를 감돌게 하라

향기는 다양한 만남을 가능하게 해 주는 행운의 요소이다. 좋은 향기를 몸에 두른 사람은 돈이나 인생의 낙을 더 쉽게 만나게 된다.

금전운 상승에는 꽃향기나 약간의 달콤한 향기가 효과적이다. 꽃향기는 장미, 제라늄, 수선화, 재스민, 연꽃, 미모사 등이 좋고 과일이라면 복숭아, 살구, 서양배, 무화과, 석류, 블랙커런트(장미목 범의귓과의 낙엽 관목), 유자를 추천한다. 그 외에 바닐라, 벌꿀, 홍차 등도 금전운을 불러들이는 향기다.

레몬이나 자몽처럼 상큼한 감귤류 향기는 단독으로 사용하기보다는 달콤한 향기와 섞어 사용해야 더 좋다. 달콤한 향기가 꺼려진다면 로즈우드나 마저럼(꿀풀과의 여러해살이풀) 등 우드 계열과 허브 계열 중에서 달콤한 향을 선택해 보자. 라벤더도 금독을 정화하므로 추천한다.

향기를 여성의 전유물이라 생각 말고, 남성도 꼭 향기를 활용하길 바란다. 남성은 여성보다 화독이 쉽게 쌓이므로 정화 작용이 있는 우드 계열의 향을 추천한다. 톱 노트(향수의 뚜껑을 열었을 때나 뿌린지 10분 내외에 나는 향)는 우드 계열, 라스트 노트(향수를 뿌린 후 마지막에 나는 향)는 은은하고 달콤한 향이 남는 계열을 추천한다.

간단 명쾌한 금전운 비법

집에도 향기가 감돌게 하라

자신의 몸뿐만 아니라 주거 공간에도 좋은 향기를 감돌게 하면 집 전체가 '금전운이 좋은 공간'으로 변모한다. 방향제는 몸에 뿌리는 향수와 마찬가지로 조금 달콤한 느낌의 향을 고르자. 현관이나 침실 등 사람의 눈에 잘 닿지 않는 곳에는 아로마 디퓨저와 같이 불을 사용하지 않는 상품을 적절히 활용하자. 공기 정화 기능이 있는 아로마 제품은 공간에 머물러 있는 금독을 정화하여 금전운을 좋게 만드는 효과가 있다.

또한 맛있게 느껴지는 향기를 활용해도 효과적이다. 빵을 굽는 냄새, 커피 향 등 음식의 좋은 향기가 집안에 감돌면 자연히 돈이 모인다.

반대로 쓰레기 냄새나 곰팡내가 조금이라도 느껴진다면 금전운은 크게 낮아지니 좋은 향기뿐만 아니라 '악취'를 없애는 것에도 신경을 쓰길 바란다.

좋은 음식을 맛있게 먹어라

풍수에서는 음식뿐만 아니라 '먹는 행위' 그 자체에도 '금'의 기운이 있다고 해석한다. 무언가를 먹는 행위는 그것만으로도 금전운을 단련하는 행동이다.

그러나 아무 음식이나 먹는다고 금전운이 좋아지지는 않는다. 입버릇처럼 '값이 싸면 그만', '배만 채우면 그만' 같은 말을 하는 사람은 먹는 행위를 소홀히 하는 것으로, 이는 금전운을 소홀히 여기는 것과 같다. 이래서는 금전운을 자기 편으로 절대 끌어들이지 못한다.

하지만 사치를 부리며 고급스러운 음식만 먹는다고 해서 금전운이 좋아지는 것은 아니다. 음식 재료와 조리법은 운에 영향을 미치는 요인 중 하나지만, 돈을 많이 들인다고 무조건 좋다고는 할 수 없다. 그보다도 그릇, 장식, 누구와 대화를 하며 먹는가처럼 어떤 상황인지가 훨씬 중요하다. 똑같은 음식 재료, 똑같은 요리라도 급한 대로 사서 그릇에 대충 올려 먹는 사람과 마음에 드는 그릇에 정성스럽게 올려 즐겁게 먹는 사람은 얻게 되는 운세의 질이 완전히 다르다.

바빠서 직접 만들어 먹을 시간이 없거나, 일하는 중에는 먹기만 해도 다행인 사람도 있을 것이다. 그런 경우라면 직접 요리하는 대신 외식을 하거나, 반찬을 따로 사 먹어도 된다. 단, 구매한 음식을 식탁에 플라스틱 팩 그대로 올리지 말고, 꼭 그릇에 옮겨 담아야 한다. 젓가락이나 숟가락도 일회용이 아닌 제대로 된 것을 준비하자. 인스턴트로 파는 수프나 된장국도 머그컵이나 국그릇에 담아 먹고, 편의점에서 산 푸딩은 컵 아래에 도기나 유리 접시를 받친 뒤에 금속 숟가락으로 떠서 먹는 등 조금만 신경을 쓰면 음식에서 얻을 수 있는 운수는 크게 변한다.

이렇듯 '무엇을 먹는가'보다 '어떻게 먹는가'가 중요하다. 행복을 느끼는 맛있는 식사는 공복을 채울 뿐 아니라 마음도 풍요롭게 해 준다. 그런 식사를 계속하면 자신도 모르는 새에 돈을 창출하는 '금전운 체질'이 된다.

달콤한 음식을
무심코 먹어선 안 된다

달콤한 간식이나 과일 등 달콤한 음식은 모두 금전운을 불러들이는 행운의 음식이다. 지쳤을 때 이러한 음식을 먹으면 마음마저 만족스러워진다. 이 만족감이 풍요로움을 불러오는 역할을 한다.

그렇지만 달콤한 음식을 먹는다고 해서 무조건 돈이 늘어나지는 않는다. 앞에서 식사는 '무엇을 먹는가'보다 '어떻게 먹는가'가 중요하다고 설명했다. 특히 달콤한 음식은 '어떻게 먹는가'가 더욱 중요하다. 예를 들어, 바로 근처에 쿠키가 담긴 통이 있어 습관적으로 자주 꺼내 먹는 상태라면, 아무리 달콤한 음식을 먹는다고 해도 금전운이 좋아지지 않는다. '먹고 싶은 마음은 없었지만, 입이 심심해서 무심코 먹는' 상태는 달콤한 음식을 낭비하는 셈이다. 달콤한 음식을 먹었을 때 만족감을 느낄 줄 알아야 한다.

그리고 먹는 상황을 의식하면 달콤한 음식의 과식도 방지할 수 있다. 그래도 살찌는 것이 걱정된다면 당분이 적게 포함된 제품을 선택하는 등 먹는 일이 스트레스가 되지 않도록 방법을 찾아 보자.

~ 간단 명쾌한 금전운 비법 ~

금전운이 좋아지는 5가지 식사 방법

① 가족과 함께 즐겁게 먹는다

가족은 자신의 토양이다. 가족과 함께 즐거운 식사를 하면 금전운의 토대가 풍요로워진다. 혼자서 먹어야 한다면 음악을 트는 등 즐거운 마음으로 먹을 수 있도록 다양한 방법을 찾아보자.

② 그릇에 신경 쓴다

식기는 '금'의 기운을 늘리는 토대다. 좋은 식기라고 해서 손님용이라며 묵혀 두지 말고, 평소에도 식탁에 적극적으로 올리자.

③ 예쁘게 담아 먹는다

요리는 맛뿐만 아니라 '눈으로 먹는 것'도 중요하다. 파슬리를 뿌리는 등 눈에도 보기 좋게 만들어 보자.

④ 제철 음식을 먹는다

제철 음식 재료는 그 계절에만 얻을 수 있는 기운을 포함하고 있다. 하나를 먹을 때마다 금전운도 상승한다.

⑤ '행복한 미각'으로 마무리한다

싫어하는 음식은 마지막까지 남기지 말고 미리 먹자. '행복', '맛있다'라는 만족감이 느껴지는 음식으로 식사를 마무리하길 권한다.

~ 간단 명쾌한 금전운 비법 ~

금전운이 좋아지는 음식과 음료

소고기

저금운을 올려 준다. 튀김옷을 입혀 튀기거나, 채소를 두르면 더욱 '모으는 힘'이 강해진다. 조림도 추천한다.

달걀

돈과 인생의 낙을 생산한다. 아침에 먹으면 더욱더 효과적이다. 밥과 함께 먹으면 일상생활이 즐거워진다.

닭고기

고기 중에서 가장 강력한 금전운 재료다. 즐겁게 사용할 수 있는 돈을 불러온다. 오븐 구이나 소테(버터를 발라 볶거나 살짝 튀긴 음식)를 추천한다. 피카타(고기를 얇게 썰어 굽고 소스, 레몬즙 등을 곁들인 요리)로 만들어 먹으면 저금운도 상승한다.

우유·유제품

돈을 늘어나게 해 주는 음식 재료다. 그중에서도 치즈는 강한 '금'의 기운이 있어 돈을 계속 창출해 낸다. 가열하면 금전운이 더욱 업그레이드된다. 우유는 '늘리는' 힘이 강한데, 달콤한 맛을 더하면 더욱 힘이 강해진다. 요구르트는 변화를 불러오니 지금의 금전운에 만족하지 않는 사람, 돈을 더 의미 있게 사용하고 싶은 사람에게 추천한다.

두부·두유

돈을 늘리는 동시에 애정을 더욱 깊어지게 만드는 힘도 있다. 달콤하게 먹으면 '금'의 기운이 강해지니, 두부나 두유를 사용한 디저트도 좋다.

참깨

금독을 정화해 주는 음식 재료다. 달콤한 맛을 더해 먹으면 금전운을 불러오는 효과가 있다. 우유나 두유로 참깨 푸딩을 만들어 먹는 것도 추천한다.

달콤한 과일

멜론, 서양배, 망고, 포도, 복숭아 등 달콤한 과일은 모두 금전운 음식이다. 복숭아, 멜론은 금독을 정화하는 힘이 있고, 서양배는 저금하는 힘을 높여 준다. 포도는 생활을 더욱 풍성하게 해 준다. 주스로 만들어 먹어도 효과적이다.

설탕·벌꿀

달콤한 조미료는 모두 강한 '금'의 기운을 지녔다. 수수설탕이나 흑설탕 등 정제도가 낮은 설탕일수록 더욱 강력하다. 또한 벌꿀은 금전운이나 인생의 낙, 풍성함을 부여해 준다. 빵에 바르거나 요구르트에 뿌려 먹어도 좋다. 요리에도 꼭 활용해 보자.

레드 와인

'금'의 기운을 활성화하여 풍성함과 즐거움을 가져다주고, 금독을 제거한다. 더불어 여성의 운세를 풍성하게 해 주는 효과도 있다. 단, 레드 와인 중에서 보졸레 누보(프랑스 보졸레 지방에서 생산되는 포도주)는 숙성되지 않은 와인이므로 예외다. 또한 화이트 와인은 정화하는 힘이 강하지만 금전운을 올려 주는 효과는 크지 않다.

깨끗한 물이
돈을 불러들인다

'금'의 기운은 '물'이 넘치면 늘어나는 성질이 있으니, 마시는 것은 물론 몸에 들어가는 모든 물은 깨끗한 상태여야 한다.

기본적으로 마시는 물은 생수나 정수기로 정화된 물이어야 한다. 몸속이 깨끗한 물로 가득해야 금전운이 원활히 늘어난다. 밥을 짓거나 채소를 씻을 때도 가능하면 정수기의 물을 사용하자. 또한 아침에 제일 먼저 마시는 물은 몸에 가장 잘 흡수되므로 아침에 눈을 뜨면 깨끗한 물을 한 잔 마시는 습관을 들이자.

그에 더해 진심으로 금전운을 올리고 싶다면 욕실이나 세면대에도 정수기를 설치하길 권한다. 정수기는 부엌에만 있어도 충분하다고 생각할 수 있다. 하지만 욕실이나 세면대에서 사용하는 물은 머리카락이나 피부에 직접 닿아 체내로 흡수되니 마시는 물과 거의 비슷한 영향력을 발휘한다. 샤워 헤드 일체형인 정수기라면 비교적 값이 싸고 설치도 간편하다.

몸에 닿는 물이 깨끗해지면 그것만으로도 가족 모두의 금전운이 눈에 띄게 변화하니 꼭 고려해 보길 바란다.

~ 간단 명쾌한 금전운 비법 ~

티타임은 금전운 타임

꼼꼼하게 찻잎을 고르고, 세심하게 선택한 홍차를 넣어 느긋하게 맛보는 티타임은 금전운을 낳는 골든 타임이다. 차를 마시는 행위 자체는 '흙'의 기운에 속하지만, 거기에 더해 즐거움이라는 요소가 더해지면 '금'의 기운이 만들어진다.

금전운을 좋게 만들고 싶다면 평소에 마시는 차 대신 착향된 차나 꽃차 등 특별하거나 생활의 만족감을 느낄 수 있는 차를 고르자. 홍차라면 찻잔, 중국차라면 전용 다기를 준비하는 등 차의 향토에 맞는 다기를 사용하는 것도 중요하다.

느긋하게 차를 준비할 시간을 확보하기 어렵다면 티백이나 페트병에 든 차라도 상관없지만, 그런 경우에는 페트병에 입을 대고 마시지 말고 꼭 머그컵이나 찻잔에 따라 마시도록 하자.

Chapter 6
돈이 들어오는 인테리어 풍수

자신의 집을 사랑하라

집은 당신과 가족이 생활하는 거점으로 금전운을 만들어 내는 토대이다. 밖에서 가지고 들어온 운을 모아 두는 장소로, 말하자면 '운의 저금통'이라 할 수 있다. 아무리 세련된 옷을 입는다 할지라도 집안이 엉망인 사람은 밖에서 가지고 온 운이 정착하지 못하기 때문에 운은 금세 바닥을 드러내고 만다.

풍부한 운을 손에 넣고 싶다면 일단 자신의 주거 환경을 돌아보자. 집안의 청결을 유지하고 마음이 편하도록 잘 정리해 두면 평소와 다름없이 생활하기만 해도 '운의 저금'이 늘어나며 자신도 모르는 새에 운이 더욱 좋아진다.

집안을 운이 좋은 공간으로 만들기 위해서는 먼저 자신의 집을 사랑해야 한다. 불행한 일이 벌어지면 '이 집에 온 뒤로 되는 일이 없네'와 같은 말을 하기도 하는데, 가장 보여서는 안 될 태도다. 집이 행운을 가져다주길 원한다면 먼저 자신부터 집에 애정을 쏟아 보자. 집에 애정을 가지면 집안으로 좋은 기가 흘러들어 온다. 깨끗이 청소와 환기를 하고, 마음 편안하게 정돈해 둔다면 집도 당신에게 운을 되돌려 준다.

'운이 좋은 집'은 당신과 집이 함께 만드는 것이다.

간단 명쾌한 금전운 비법

배치보다는 생활 동선에 신경 써라

집을 사거나 빌리면서 유독 방의 배치에 신경을 곤두세우는 사람이 있다. 물론 풍수적으로도 '운을 나쁘게 만드는 배치'는 존재한다. 이를테면 부지와 건물의 형태인데, 다락방과 베란다가 삼각형으로 배치되어 있으면 금전운이 하락한다. 따라서 집을 세우거나 구매하기 전이라면 그런 배치는 가능한 한 피해야 한다.

하지만 이미 완성된 집의 배치를 바꾸긴 어렵다. 또한 '나쁜 배치'는 대부분 인테리어를 이용해 보완할 수 있다. 앞서 말한 삼각형 모양의 공간이 있는 집도 삼각형의 모서리에 관엽 식물을 놔두어 모서리를 숨기면 타격을 줄일 수 있다. 그러니 방의 배치 자체는 크게 신경 쓰지 않아도 된다.

단, 방의 배치가 집에서 사는 사람의 생활 동선과 맞지 않으면 기의 순환이 정체되어 운이 나빠질 수 있으므로 조심해야 한다.

운이 좋은 집은
기의 순환이 좋은 집이다

운이 좋은 집을 만들기 위해 가장 중요한 것은 '기의 순환'이다. 풍수에서는 운을 좋게 만드는 기를 '왕기旺氣', 반대로 운을 나쁘게 만드는 기를 '살기煞氣'라고 한다.

이 두 가지의 기는 모두 현관으로 들어와 창문으로 나간다. 왕기는 항상 왕기를 유지하는 것이 아니라 공간에 자신이 지닌 생기生氣를 내주면 생명력이 사라져 '쇠기衰氣'가 되고, 이윽고 '살기'로 변한다.

따라서 행운이 깃든 집을 만들기 위해서는 왕기를 가득 받아들여 집안에 감돌게 하는 동시에 쇠기나 살기를 원활히 배출하는 순환 사이클을 만들어야만 한다.

그러기 위한 필수 요소가 '햇볕'과 '바람'이다. 햇볕은 왕기를 끌어들이며, 환기가 잘되면 쇠기와 살기가 잘 쌓이지 않으니 새로운 왕기를 가득 받아들일 수 있다.

반대로 햇볕이 잘 들지 않는 집이나 환기가 잘되지 않는 집은 공간에 '음'의 기운이 쌓여 운이 점점 하락해 간다.

만약 그런 집에 거주한다면 충분한 주의를 기울여야 한다. 대낮에도 방안에 햇볕이 잘 들지 않는다면 전구를 밝은 LED전구로 바꾸고 보조 전구를 설치하는 등 가능한 한 '음'의 기운을 거두어들이자.

공기가 탁해지면 자주 창문을 열어 환기를 시키자. 방의 배치로 인해 바람이 잘 통하지 않는다면 서큘레이터 등을 활용해 공기를 순환시켜 주는 것도 한 방법이다.

~ 간단 명쾌한 금전운 비법 ~

기의 대사를 활발하게 하는 방법

요즘 들어 운이 없다고 느끼거나, 기가 순환되지 않는다는 느낌이 들면 기의 대사가 원활하지 않다는 증거다. 그런 경우에는 공간 정화로 나쁜 기를 깨끗하게 만들자.

불쾌한 일을 당했거나 트러블이 생겼을 때 돈까지 없다면 일단 공간 정화를 시도해 보자. 특별히 나쁜 일이 없더라도 한 달에 한 번 공간을 정화하는 습관을 들이면 금독은 잘 쌓이지 않는다.

만약 가족이 독립하거나 결혼하여 '빈방'이 있다면 그곳에 음의 기가 쉽게 쌓이므로 꼼꼼히 정화해 주어야 한다. 또한 방에서 생활하던 사람이 오랫동안 누워 지내다가 죽음을 맞이했다면, 바닥이나 벽지를 바꾸고 환기를 시키며 구석구석 청소한 뒤에 공간을 정화하자.

시간이 없거나 바빠서 철저히 공간을 정화할 시간이 없다면 소량의 탄산수소 나트륨을 녹인 물에 걸레를 담갔다가 꼭 짜서 바닥과 벽, 가구 등을 닦기만 해도 효과적이다. 선호도에 따라 유칼리나 민트 등 정화 작용이 있는 에센셜 오일을 몇 방울 떨어뜨려 사용해도 좋다.

집안에 먼지나 쓰레기가 잘 쌓이는 장소가 있다면 이 방법으로 자주 정화해 주자. 그러면 더러움과 나쁜 기운이 잘 쌓이지 않는다.

공간을 정화하는 4가지 방법

1

작은 접시 4개를 준비해 각각에 소금을 담고, 향 또는 인센스 스틱(향료 가루를 가늘고 긴 모양으로 만들어 굳힌 향)을 1개(또는 홀수) 세운다. 향은 시트러스 계열 또는 유칼리 등 식물 계열을 선택하자.

2

향을 피우고 방의 네 모퉁이에 놓는다. TV나 오디오는 끄고 방문을 닫는다. 창문은 조금 열고 방의 중앙에 선다.

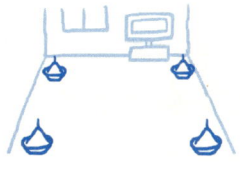

3

마음에 걸리는 방향이 있다면 그곳을 향해 서고 검지와 중지를 모아 칼처럼 휘둘러 내리며 공기를 가른다. 같은 동작을 9번 반복한다.

4

방 밖으로 나갔다가 향이 다 탔을 즈음(15~20분 후)에 다시 안으로 들어가 접시를 회수한다. 남은 소금은 물에 흘려보낸다. 접시는 식사용 그릇과는 별도로 찬장 위처럼 높은 곳에 보관한다. 그 접시를 버릴 때는 조금 깨버린 후에 버린다.

부엌은 불과 물의 기운이 섞이지 않아야 한다

부엌은 풍요로움의 상징인 음식을 다루는 장소인 동시에 '불'과 '물'이라는 상반된 기운이 존재하는 장소이기도 하다. 금독은 불과 물의 틈새에 생기므로 이 기운들이 충돌하지 않는 환경 조성이 매우 중요하다.

부엌 안에서 불의 기운을 지닌 것은 가스레인지, 전자레인지, 토스터기 등 조리 기구다. 그리고 싱크대(수도 주변)와 냉장고, 전기 포트는 물에 속한다. 이 두 종류가 가능한 한 섞이지 않도록 배치를 하자. 가장 좋지 않은 배치는 냉장고 위에 전자레인지를 놓는 것이다. 이런 배치는 금전운에 큰 타격을 주는 '빈곤 배치'이므로, 만약 지금 그러한 배치라면 바로 전자레인지의 위치를 바꾸자. 공간이 부족해 어쩔 수 없는 상황이라면 냉장고와 전자레인지 사이에 두께 4센티미터 이상의 판을 놓거나, 벽돌을 넣어 기를 중화해야 한다.

음식 재료를 놓는 장소에도 주의를 기울여야 한다. 예를 들면, 샐러드유 같은 식용유는 불에 속하니 물의 기를 지닌 싱크대 아래에 놓아서는 안 된다. 뿌리채소 종류, 쌀, 파스타 등의 음식 재료도 싱크대 아래에 놓아두면 물의 힘으로 인해 생명력이 사라진다. 반대로 생수나 맛술은 물의 기를 지니고 있으니 싱크대 아래에 두어야 한다.

~ 간단 명쾌한 금전운 비법 ~

부엌에 놔두어서는 안 되는 물건

❈ 빨간색 물건(냄비, 주전자, 행주, 냄비 장갑 등)

'불'의 색인 빨간색은 부엌에 두면 안 된다. 지금 존재하는 금전운도 모두 불타 버린다.

❈ 플라스틱 제품

금전운을 불태우는 물건이다. 완전히 없애지 못한다면 문이 있는 선반 안이나 서랍 안에 넣어 눈에 띄지 않게 하자.

❈ 눌어붙은 냄비나 프라이팬

눌어붙은 자국이나 기름때는 나쁜 불의 기다. 냄비나 프라이팬, 가스레인지의 삼발이의 눌은 자국은 자주 청소해 주자.

❈ 날이 잘 들지 않는 날붙이

부엌칼이나 가위, 슬라이서 등의 날붙이는 '금'에 속하며, 날이 잘 들지 않으면 금전운이 떨어지는 원인이 된다. 또한 날붙이는 금전운을 소모하지 않도록 서랍과 같이 보이지 않는 곳에 넣어 두자. 날이 보이지 않는다면 칼꽂이도 괜찮다.

부엌은 청결이 가장 중요하다

부엌이 지닌 '금'의 기운의 가장 큰 적은 '균'이다. 아무리 세련된 부엌이라도 잡균이 번식해서는 그만큼 금전운이 떨어진다.

주된 균의 온상은 행주와 손 닦는 수건이다. 행주와 수건은 한 번 사용했으면 반드시 세탁하고 건조하여 청결한 상태를 유지하자. 도마나 스펀지도 다 사용했으면 깨끗이 씻고 열탕 소독을 해야 한다. 특히 도마에 잡균이 묻어 있으면 돈이 계속 흘러가 버리니 주의하자.

또한 음식물 쓰레기의 냄새도 금전운을 떨어뜨리는 요인이다. 싱크대에 삼각 바스켓을 놓아두면 항상 부엌에 음식물 쓰레기가 있는 상태가 되므로, 가능하면 놓지 말자. 조리하는 중에 나오는 음식물 쓰레기를 일시적으로 넣어두고 싶다면 뚜껑이 달린 작은 음식물 쓰레기통을 준비하면 된다. 플라스틱이면 음식물 쓰레기의 나쁜 기운을 더욱 퍼뜨리는 작용을 하므로 스테인리스를 추천한다. 음식물 쓰레기는 계속 넣어 두지 말고 그때그때 버리자. 또한 음식물 쓰레기통 자체도 자주 씻어 청결을 유지해야 한다.

배수구의 점액과 냄새도 금독의 먹잇감이 되므로 주의해야 한다. 미루지 말고 자기 전에 배수구로 탄산수소 나트륨을 뿌리고 따뜻한 물을 흘려 보내는 등 꾸준히 관리하자.

간단 명쾌한 금전운 비법

음식 재료의 낭비는 돈 낭비의 시작이다

음식 재료는 '금'의 기를 지녔다. 따라서 음식 재료를 어떻게 다루는지에 따라 금전운은 크게 좌우된다. 음식 재료를 잘 관리해 낭비 없이 사용하는 사람은 돈의 흐름도 매우 원활하다. 반대로 음식 재료를 자주 낭비하고 버리는 사람에게는 돈이 다가오지 않는다.

특히 값이 싸다고 한꺼번에 대량으로 사 뒀다가 결국엔 다 사용하지 못해 버리는 습관이 가장 좋지 않다. 값싸니 조금 버리게 되더라도 괜찮다고 생각할 수 있지만, 음식 재료를 버리는 행위는 돈을 버리는 행위와 같다. 돈을 늘리고 싶다면 일단 음식 재료의 낭비를 없애도록 유의하자.

또한 냉장고와 냉동실에 언제 사 뒀는지 모를 음식이 들어있다면 역시 돈이 잘 모이지 않는다. 냉장고와 냉동실 안을 잘 살펴, 유통기한이 지난 식품이나 사용하지 않는 조미료는 방치하지 말고 처분하자.

욕실의 건조와 살균을 철저히 해야 한다

풍수에서의 '돈'의 기는 '물'을 만날 때 강해진다. 즉 화장실과 욕실처럼 물의 기를 품고 있는 장소는 돈을 불리는 데 매우 중요한 장소다. 반면에 물과 관련된 장소가 더러우면 탁한 돈의 기가 점점 증식하니 주의해야 한다.

특히 욕실의 곰팡이는 금전운의 가장 큰 적이다. 목욕 후에는 욕조의 물을 빼고 사용한 수건으로 욕조의 바닥과 벽의 물기를 전체적으로 훑은 다음 철저히 건조해야 한다. 한 번 사용한 물에는 잡균이 번식하므로 물을 재사용해야 할 상황이라도 6시간 이상은 물을 방치하지 말고 새로 받아야 한다. 잡균의 번식을 억제하는 항균 상품도 꼭 활용하길 권한다. 또한 단수를 대비해 남은 물을 받아 둬야 하는 경우라도 뚜껑을 덮으면 잡균이 쉽게 번식하니 뚜껑은 닫지 말아야 한다.

그에 더해 사용한 목욕 수건을 그대로 걸어 놓으면 잡균이 번식하게 되니, 가능한 한 매번 세탁하거나 그게 어렵다면 욕실 건조기 등으로 완벽히 말린 다음 사용하길 권한다.

～ 간단 명쾌한 금전운 비법 ～

화장실에는 수독水毒이 쌓이지 않아야 한다

화장실은 집안에서 수독(물에서 생기는 독)이 가장 쉽게 쌓이는 장소다. 수독이 쌓이면 돈의 흐름이 느려지거나 남에게 속아 돈을 잃게 되며, 건강운과 연애운을 비롯한 각종 운수가 타격을 받는다. 따라서 화장실은 언제나 청결한 상태를 유지해야 한다.

그리고 화장실의 냄새는 금독을 증식시키는 원인이니 탈취제로 냄새의 근원을 제거해야 한다. 공간이 있다면 작은 공기청정기를 놓아두어도 좋다.

변기의 뚜껑을 계속 열어 두어서도 안 된다. 화장실에 쌓인 음의 기운이 퍼지지 않도록 뚜껑은 반드시 닫아 두자.

또한 공간에 여유가 있다면 꽃이나 관엽 식물을 장식해 나쁜 기를 정화하자. 관엽 식물은 그늘에서도 잘 자라는 것을 고르고, 잎에 먼지가 쌓이지 않도록 자주 관리를 해 주어야 한다.

침실이 지저분하면
돈이 불어나지 않는다

풍수에서는 자는 장소, 다시 말해 침실도 물의 장소로 친다. 사람은 잠든 사이에 존재 그 자체가 '물'의 기에 지배당하기 때문이다.

침실은 잠을 자는 장소일 뿐이라며 인테리어에 크게 신경 쓰지 않는 사람도 많다. 하지만 침실은 금전운뿐만 아니라 모든 운수에 있어 매우 중요한 장소다. 사람은 밤에 잠든 사이에 그날 잃어버린 운을 보충하며 운수를 재생한다. 따라서 침실이 어질러져 있거나 잠자리가 뒤숭숭하면 운수가 원활히 재생되지 못하여 날이 갈수록 운수가 나빠진다. 특히 돈은 정화와 재생 사이클을 반복하며 늘어나므로 침실의 환경에 따라 돈이 얼마나 늘어날지가 크게 좌우된다.

침실에서 가장 중요한 장소는 일어나서 바로 눈에 들어오는 곳이다. 그곳이 지저분하면 자는 동안 늘어났던 풍요로움이 사라져 버린다. 침대 옆의 공간은 깔끔하게 정리하고, 대신에 그곳에는 꽃 한 송이나 관엽 식물을 놓아 장식하자.

또한 침대의 머리 쪽에 TV나 컴퓨터가 있으면 금전운이 불타 버린다. TV나 컴퓨터를 침실에 놓아야 한다면 침대 옆이나 발 쪽에 놓아야 한다. 태블릿PC나 스마트폰도 머리 쪽이 아니라 침대 옆의 테이블에 놓아두고 자는 습관을 들이자.

～ 간단 명쾌한 금전운 비법 ～

잠자기 30분 전부터는 스마트폰을 보면 안 된다

침대 위에서 스마트폰이나 태블릿 PC를 보다가 그대로 잠들어 버린 경험은 없는가? 스마트폰이나 태블릿 PC는 '불'의 기를 지닌 물건이므로 잠을 자야 한다면 가능한 한 멀리 놓아두어야 한다.

잠들기 30분 전부터 더는 만지지 않고 침대 옆이나 다른 방에 두는 습관을 기르자.

핸드폰을 알람 시계 대신 사용하는 사람도 많은데, 그런 용도로 사용할 경우에도 베갯머리에 놓아두어선 안 된다. 반드시 침대 옆이나 발 쪽에 놓도록 하자.

그리고 매우 소란스러워 거슬리는 알람음은 금전운을 파괴하니, 흥겨운 음악처럼 불쾌하지 않은 소리를 선택해야 한다.

돈이 모이지 않는다면
수납 습관을 검토하라

　수납공간은 운수를 모아 두는 장소다. 크게 낭비하지 않았는데 이상하게 돈이 모이지 않는다 싶으면 대체로 정리 방법에 문제가 있을 가능성이 크다.

　정리용품을 사용해 물건을 빈틈없이 넣어 두어야 '수납을 잘했다.'라고 생각하는 사람이 많다. 하지만 물건을 수납하는 이유는 그것을 사용하기 위해서다. 막상 사용하려고 해도 찾을 수 없거나 바로 꺼낼 수 없다면 아무리 반듯하게 정리하더라도 의미가 없다.

　한정된 공간에 얼마나 많은 물건을 넣는가는 큰 의미가 없다. 얼마나 활용할 수 있는가가 중요하다.

　평소에 자주 사용하는 물건은 물론, 레저용품이나 계절 가전 등 가끔 사용하는 것이라도 필요한 순간에 금방 꺼내서 사용할 수 있도록 해 두어야 한다.

　그러려면 필요 없거나 사용하지 않는 물건을 계속 쌓아 두지 않는 습관을 들여야 한다. 언젠가 필요할지 모른다는 생각은 버리고, 정말로 자신에게 필요한 것만을 수납해 두자.

그리고 모든 물건의 수납공간을 만들어 두어야 한다. 펜 한 자루라도 수납해 두지 않아 이리저리 굴러다녀서는 안 된다.

~ 간단 명쾌한 금전운 비법 ~

금전운 상승을 위한 수납 규칙

> 의류

※ 수납 상품은 통일한다

수납 상품의 소재와 크기가 제각각이면 돈이 잘 모이지 않는다. 의류 케이스나 박스 종류는 될 수 있으면 같은 종류로 통일하자. 통기성이 좋은 공예품이나 등나무 제품을 추천한다. 플라스틱 제품은 '금'의 기를 불태우니 가능하면 사용하지 말자. 클리닝을 맡겼던 옷을 찾았다면 반드시 비닐을 제거하고 수납해 두자.

※ 옷을 바닥이나 의자에 쌓아 두지 않는다

한 번 입었던 옷이나 입을까 말까 망설이다가 입지 않은 옷을 의자의 등받이에 계속 걸어 두거나 바닥에 계속 내버려 두어선 운수가 나빠진다. 습관적으로 그런 행동을 하는 사람이라면 벗은 옷을 옷걸이나 후크 등에 바로 걸어 놓을 수 있는 장소를 마련해 두자.

※ 가방을 바닥에 놓지 않는다

'움직임'의 기를 지닌 가방은 움직이는 동안에 금전운을 모아들이는 역할을 한다. 그런 가방을 바닥에 두면 '움직임'의 기가 멈추고, 동시에 돈을 모으는 역할도 멈추어 버린다. 가방은 후크에 걸거나 옷장 위, 선반 등 허리보다 높은 위치에 놓아두길 권한다.

식기, 음식 재료

✻ 무거운 것은 하단에, 가벼운 것은 상단에 둔다

사용 빈도가 낮은 큰 접시나 직화 냄비를 식기 선반의 상단이나 찬장에 넣어 두는 사람도 있는데, 무거운 물건을 높은 장소에 놓아두면 기의 균형이 흐트러진다. 무거운 물건은 아래에, 가벼운 물건은 위에 넣어 두자.

✻ 컵과 유리잔은 뒤집어 수납한다

문이 없는 오픈 선반에 컵과 유리잔을 수납할 경우, 입구가 위를 향해 있으면 금전운이 그 입구로 빨려 들어간다. 뒤집어서 보관하거나, 컵 안에 사탕이나 유리구슬 등을 넣어 두자.

✻ 칼과 숟가락은 따로 수납한다

숟가락은 '금'의 기를 지닌 물건이지만, 칼과 숟가락을 같이 수납하면 칼이 금의 기를 잘라 버린다. 같은 서랍에 넣어 두고 싶다면 바구니 등을 사용해 구분하자.

✻ 젓가락은 서랍이나 찬장에 수납한다

젓가락을 수저꽂이에 넣어 그대로 바깥에 노출시키면 금전운이 떨어진다. 반드시 서랍 안이나 찬장 안에 넣어 두자.

쓰지 않는 물건은 처분하라

'아직 쓸 만한데 버리다니 너무 아까워.' 얼핏 들으면 맞는 말 같지만, 사실 그런 습관이야말로 운을 떨어뜨리는 원흉이다. 풍수에서는 사용하지 않는 물건을 생명이 없는 상태, 즉 죽은 상태라고 판단한다. 죽은 물건에는 '음'의 기가 깃드니 그런 물건이 많은 공간은 점점 살기와 쇠기가 쌓여 기의 대사가 둔화한다.

만약 그 '물건'이 정말로 자신에게 필요한 것이었다면 이미 계속 활용하는 상태여야 한다. 그런데 활용하지 않고 있다면 지금 당신에게는 필요 없다는 뜻이다. 그에 더해 그런 물건이 많이 있다면 당신이 사용하지도 않을 것에 돈을 쓰고 있다는 증거이기도 하다. 그렇게 돈을 써서는 절대 금전운이 좋은 사람이 될 수 없다.

금전운에 둘러싸인 삶을 살고 싶다면 먼저 필요 없는 물건이 가득한 환경을 초기화해야 한다. 사용하지 않는 것을 처분하고 정말로 필요한 것만을 수납하면, 그 물건들에 충분히 주의를 기울일 수 있고, 기의 대사가 원활해져 새로운 운이 들어오기 좋은 환경이 된다.

~ 간단 명쾌한 금전운 비법 ~

이런 물건이 있다면 바로 처분하라

- ☑ 3년 이상 사용하지 않은 옷과 신발
- ☑ 언젠가 중고 사이트에 올려야지 생각하면서도 6개월 이상 방치 중인 물건
- ☑ '비싼 거라서', '명품이라서'라는 이유만으로 구매한 물건
- ☑ 낡고 더럽거나 망가진 물건
- ☑ 선물로 받았지만, 마음에 들지 않는 물건
- ☑ 사용할 기회가 거의 없는 식기
- ☑ 자신도 보고 싶지 않은 옛날 사진
- ☑ 옛 애인의 사진

좌산 인테리어

지금까지 집안의 어떤 장소를 어떻게 정리하면 좋을지를 이야기했다. 집이란 원래 사람과 마찬가지로 하나하나 성질이 모두 다르다. 따라서 운이 좋은 집으로 만들려면 자신이 사는 집의 성질을 파악한 뒤, 그에 걸맞은 색상과 취향으로 공간을 꾸며야 한다. 그 성질은 '좌산座山'이라고 불리는 집의 방위가 결정한다.

그러나 좌산은 집 자체가 지닌 집의 성질일 뿐, 집과 그곳에 사는 사람의 운이 좌산으로 결정되지는 않는다.

예를 들어 풍수에서는 서쪽이 '금'의 방위라고 설명하는데, 좌산이 서쪽이라고 해서 반드시 금전운이 좋은 집이라고는 할 수 없다. 물론 좌산이 서쪽 방위라면 그 힘을 적절히 발휘하여 금전운을 쉽게 불러들일 수 있다. 하지만 그러려면 당연히 좌산에 맞는 인테리어를 갖춰야 한다. 만약 전체적인 통일감이 부족하거나 방이 정리되어 있지 않다면 좌산이 좋다고 해도 오히려 금전운에 커다란 부하가

걸리고 만다.

그에 더해 서쪽이 좌산인 집은 다른 좌산보다 금독이 쉽게 쌓인다는 단점도 있다. 즉 어떻게 지내느냐에 따라서 금전운이 오르기는커녕 오히려 돈이 흘러서 나가 버릴 가능성도 있다.

이것은 서쪽뿐만 아니라 어느 방위든 마찬가지다. 좌산이 어느 방위든 그 성질을 살려 운이 좋은 집을 만드는 것은 그 집에 사는 사람에게 달렸다.

또한 좌산은 어디까지나 기본일 뿐, 그대로 해야만 한다는 '족쇄'가 아니다. 좌산을 거스르지 않으면서도 자신이 선호하는 공간으로 변화시켜야 한다. 자신과 가족이 마음 편히 살 수 있는 공간을 만들면 운이 좋은 집이 완성된다.

좌산에 관한 모든 것

좌산을 계산하는 법

1. 겨냥도를 보고 집의 중심점을 찾아낸다

집의 겨냥도(건물 따위의 모양이나 배치를 알기 쉽게 그린 그림)를 준비해 집의 네 모퉁이를 대각선으로 연결한다. 2개의 대각선이 교차한 지점이 집의 중심이다. 단, 베란다나 마당은 '집'에 포함되지 않는다. 또한 집의 형태가 사각형이 아닐 경우, '돌출된 부분'이 전체 길이의 3분의 1 이상이라면 '결핍', 3분의 1 미만이라면 '확장'으로 본다(다음 그림 참조). '결핍'이 있는 경우에는 빠진 부분을 보충하고 '확장'은 튀어나온 부분을 잘라 내어 중심을 계산한다.

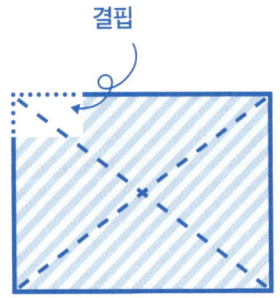

결핍

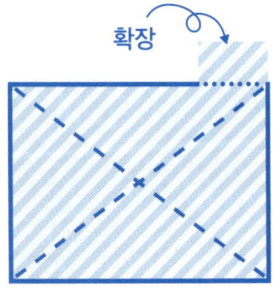

확장

2 방위를 알아내 겨냥도에 기록한다

수평으로 펼친 손바닥에 나침반을 올리고 집의 중심에 선다. 이때 전자 제품이 켜져 있으면 전자파의 영향으로 자석이 마구 움직일 수 있으니 조심하자. 사전에 전자 제품의 전원을 끄고 창문을 열어 환기하면 정확한 측정이 가능하다. 일단 북쪽을 확인하고, 그곳을 기점으로 다른 방향을 찾아 겨냥도에 기록한다. 참고로 풍수에서는 지도상의 북쪽이 아니라 '나침반(187쪽 참조)'을 기준으로 삼으니 방위의 선을 잘못 긋지 않도록 주의하자.

3 좌산을 계산한다

방위를 알아냈으면 현관문이 달린 벽을 하나의 '면'이라 생각하고, 그 면의 맞은편 벽을 주목해 보자. 그 벽의 중심점이 위치하는 방위, 그곳이 바로 좌산이다.

좌산을 계산하는 과정에서 주의할 점

좌산을 계산하면서 자주 하는 실수는 현관문의 맞은편 방위를 좌산이라고 착각하는 것이다.

다음 장의 그림2처럼 현관문의 반대편 벽의 중심점이 집의 중심을 지나 정확히 마주 보고 있다면 문제가 없지만, 그림1처럼 현관문이 벽의 구석에 달려 있다면 경우가 달라진다. 집의 중심에서 볼 때 문의 맞은편 방위는 남동에서 남서까지 포함하고 있지만, 벽의 중심점은 정확히 남쪽에 있으니 좌산은 남쪽이다. 또한 그림에서는 현관문이 북서쪽에 있지만, 만약 문이 북동쪽에 있다고 하더라도 반대편 벽의 중심점이 남쪽이므로 좌산은 여전히 남쪽이다.

현관문 방위에 현혹되어 좌산을 착각하지 않도록 주의하자.

이런 경우에는 좌산이 어디일까?

그림 1

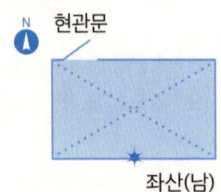

현관문이 북서에 있는 경우

현관문의 대각에 해당하는 방위는 남동쪽이지만, 맞은편 벽의 중심은 남쪽이다. 따라서 좌산은 남동쪽이 아니라 남쪽이다.

그림 2

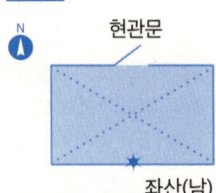

현관문이 벽의 중심에 있는 경우

맞은편 방위가 곧 좌산이므로 이 경우 좌산은 남쪽이다.

그림 3

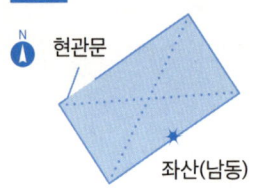

집이 북쪽 방위에서 비껴 있는 경우

집이 어느 방위를 향해 있든 계산하는 법은 같다. 이 경우에는 남동쪽이 좌산이다. 만약 현관문이 벽의 반대편 모서리(북)에 있다고 해도 좌산은 남동쪽이다.

그림 4

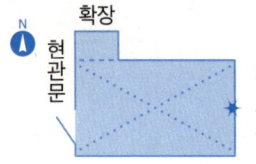

집이 사각형이 아닐 경우

이 집은 '확장'이 있어 확장 부분을 제외하고 집의 중심을 찾아야 한다. 현관문의 맞은편 벽은 북동에서 남동까지를 포함하는 방위이지만, 중심점은 동쪽이니 좌산은 동쪽이다.

24방위로 보는 좌산의 성질

풍수 초보자에게 인테리어 풍수를 설명할 때는 방위를 북, 북동, 동, 남동, 남, 남서, 서, 북서의 8가지로 나누지만, 엄밀히 말해 같은 '북쪽'이라도 북동에 가까운 북쪽과 북서에 가까운 북쪽은 성질이 다르다.

따라서 이 책에서는 8방위를 각각 3개로 나눈 24방위를 사용해 좌산의 성질을 설명하고자 한다.

좌산을 계산하다가 옆의 좌산과 착각하면 기껏 인테리어를 완성해도 오히려 역효과가 나기도 하니 정확하게 계산해 주길 바란다.

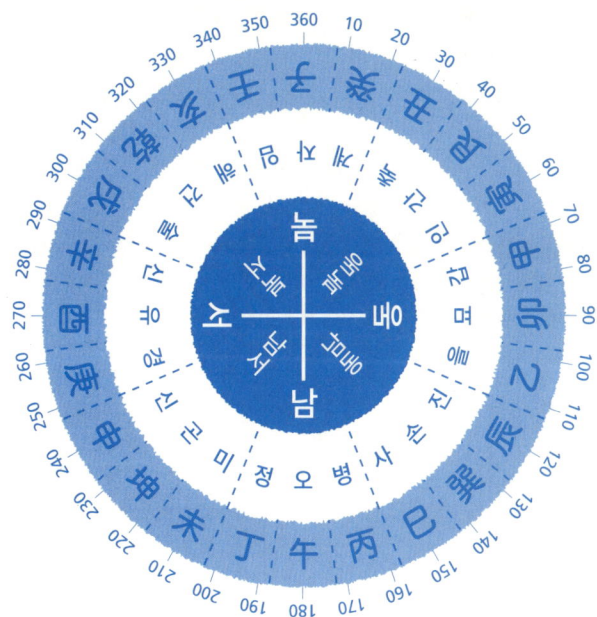

북(北)

'물'의 방위. 습기나 곰팡이 등의 나쁜 물의 기가 있으면 운수가 떨어지니 물을 사용하는 장소라면 자주 청소하여 항상 청결을 유지하자.

행운의 아이템

곡선이 들어간 물건, 서리유리(한 면을 서리가 낀 것처럼 만든 반투명 유리), 레이스.

색

여성만 사용하는 공간이라면 핑크색 계열, 남성과 공유하는 공간이라면 녹색 계열 또는 크림색 계열을 중심으로 한다.

임산(壬山)	자산(子山)	계산(癸山)
북 337.6도 ~ 352.5도	북 352.6도 ~ 7.5도	북 7.6도 ~ 22.5도
'재물'을 늘어나게 하는 성질이 있다. 물을 사용하는 장소를 철저히 청소해야 운수가 좋아진다. 정수기 설치도 추천한다.	기쁜 일이 늘어나게 해 준다. 집안의 어두운 장소를 깨끗하게 청소하고 적절히 활용해 보길 바란다. 어두운 장소에 천연석을 놓아도 효과적이다.	기쁜 일과 풍요로움을 늘어나게 하며, 외모를 아름답게 해 준다. 욕실과 세면장의 거울을 깨끗하게 닦고 장미처럼 화려한 꽃을 장식해 보자.

북동 (北東)

'흙'의 방위. '높은 산'이라는 의미를 지니고 있어 '높낮이의 차이'가 운수 상승의 열쇠다. 공간을 깨끗하게 유지하고 수납공간을 정리하자.

행운의 아이템
계단 모양의 장식 선반, 정사각형 모양의 물건, 흰 도기.

색
흰색을 바탕으로 빨간색, 갈색, 오렌지색 등의 보조색을 8 대 2 비율로 소합하자.

축산(丑山)	간산(艮山)	인산(寅山)
북동 22.6도 ~ 37.5도	북동 37.6도 ~ 52.5도	북동 52.6도 ~ 67.5도
'모으는' 운세가 강한 방위. 저금에 관해 생각하면 운수가 좋아진다. 물건을 모아 두면 오히려 운수가 하락하므로 적극적으로 필요 없는 물건을 정리하자.	'변화'와 '재생'의 운세를 지닌 방위. 공간을 맑게 유지하면 변화가 쉽게 일어나므로 공기 청정기를 설치하고 현관에는 매일 물을 뿌리자.	급격한 변화를 의미하는 방위. 부엌 그중에서도 가스레인지 주변을 반짝거릴 만큼 깨끗하게 유지하고 인테리어에 흰 타일이나 도기 꽃병을 추가해 보자.

동(東)

'나무'의 방위. 금전운 상승의 열쇠는 '숫자'. 유행에 민감해지자. 오디오처럼 소리를 내는 물건에 특히 더 신경 쓴다면 행운이 찾아온다.

행운의 아이템

오르골, 시계, 풍경, 별을 모티브로 한 물건.

색

페일블루나 라이트그린을 중심으로 사용하고, 빨간색을 강조색으로 활용해 보자.

갑산(甲山)	묘산(卯山)	을산(乙山)
동 67.6도 ~ 82.5도	동 82.6도 ~ 97.5도	동 97.6도 ~ 112.5도
물이 나오는 곳, 특히 화장실은 자주 청소하고 청결한 상태를 유지하자. 집안에 사용하지 않는 공간이 있으면 돈이 그곳으로 쉽게 흘러 들어가므로 주의해야 한다.	성공과 번영을 가져다 주는 방위. 관엽 식물이나 꽃처럼 생기 넘치는 물건을 놓아두자. 책과 잡지 등 낡은 종이류를 쌓아 두면 운수가 하락한다.	특별한 기술이나 기예가 부를 가져다주므로 현대적 디자인의 전통 공예품을 인테리어에 추가해 보자. 잡화를 진열해 두는 것도 좋다.

남동 (南東)

'나무'의 방위. 환기에 신경을 쓰면 운수가 상승한다. 공간에 좋은 향기가 감돌아야 함은 물론이다. 악취는 철저히 차단하자.

행운의 아이템

아로마 상품, 향, 향수병, 리본, 꽃을 모티브로 한 물건.

색

오렌지와 민트그린의 조합이 가장 좋다.

진산(辰山)	손산(巽山)	사산(巳山)
남동 112.6도 ~ 127.5도	남동 127.6도 ~ 142.5도	남동 142.6도 ~ 157.5도
운수를 쉽게 모아들이니 환기를 시켜 기의 순환을 촉진하자. 인테리어에 소소한 재미를 추가하면 즐거움을 가져오는 운수가 좋아진다.	학력, 문장력, 상상력을 가져다준다. 화독의 영향을 쉽게 받으므로 컴퓨터, 전자레인지와 같은 전자 제품 주변의 먼지에 주의를 기울이자.	풍요로움을 가져다주는 '식록(食祿)' 방위. 음식 재료의 관리를 철저히 하여 유통기한이 지난 음식 재료가 있다면 빠르게 처분하자. 새로운 메뉴에 도전해도 좋다.

 **남(南)** '불'의 방위. 나쁜 불의 기를 지닌 플라스틱 제품은 가능하면 버리고 목제나 도기를 적극적으로 사용하자.

행운의 아이템

크리스털 잡화, 타일을 사용한 인테리어, 양초.

색

라임그린을 중심으로 두고, 흰색, 베이지 등을 조합해 보자.

병산(丙山)	오산(午山)	정산(丁山)
남 157.6도 ~ 172.5도	남 82.6도 ~ 97.5도	남 97.6도 ~ 112.5도
사회적 지위와 영향력을 높여 주는 방위. 인테리어도 현재의 자신보다 더 높은 수준을 지향해야 한다. 그릇과 잡화도 특히 더 신경 써서 선택하자.	공간이 밝아지도록 조명에 더 많이 투자하자. 어두운 장소에는 보조등을 달고, 밤을 위해 복도 등을 설치하는 등 어둡지 않은 환경을 만들어야 한다.	건강, 장수, 안심을 불러오는 방위. 눈에 잘 띄는 곳에 계절에 맞는 꽃을 많이 꽂아 두고, 세련된 잡화를 장식하자.

남서 (南西)

'흙'의 방위. 높이가 낮은 가구를 선택하고, 바닥 청소를 꼼꼼하게 하자. 동양풍 또는 그윽한 느낌의 향토성이 강한 인테리어도 행운을 가져다준다.

행운의 아이템

도기, 바구니, 향토성이 강한 물건, 수납 상품.

색

파스텔 옐로우를 중심으로 라임그린, 코랄핑크, 베이지색 등을 조합해 보자.

미산(未山)	곤산(坤山)	신산(申山)
남동 202.6도 ~ 217.5도	남동 217.6도 ~ 232.5도	남동 232.6도 ~ 247.5도
'모으는' 기운이 강한 방위. 쿠션을 놓고 꽃을 장식하는 등 '+α'가 될 만한 물건을 놓아두면 돈이 쉽게 불어난다.	기반을 탄탄하게 해주는 방위. 바닥이 차면 금전운이 하락하니 러그나 전기장판을 깔아 바닥을 따뜻하게 유지하자.	기쁨을 주는 곳으로 이끄는 방위. '물'을 깨끗하게 유지해야 하므로 욕실의 남은 물이나 꽃병의 물 등은 사용이 끝나면 빨리 버리자.

서(西)

'금'의 방위. 돈을 험담하거나 가난을 자랑하는 말은 절대 해선 안 된다. 꽃과 소소한 재미가 있는 부엌 용품 등 평소에 있었으면 하고 바란 물건을 장만하자.

행운의 아이템

둥근 물건, 타원형 물건, 폭신폭신한 물건.

색

핑크색, 흰색, 아이보리, 파스텔 옐로우.

경산(庚山)

서 247.6도 ~ 262.5도

책임감 있는 행동이 재물을 불러들이므로 생활이 해이해져서는 안 된다. 집안의 물건을 어디에 둘지 결정하고, 항상 지정된 곳에 놓아두는 습관을 들이자.

유산(酉山)

서 262.6도 ~ 277.5도

명성, 고귀함, 재물을 나타내는 방위이며, 여성에게는 연애와 인생의 낙을 가져다주는 성질도 지니고 있다. 촉감이 좋은 패브릭 제품을 사용하고 둥근 쿠션을 놓아두어도 금전운이 상승한다.

신산(辛山)

서 277.6도 ~ 292.5도

지혜를 나타내는 방위. 한 가지 일에 몰두하면 재능이 꽃을 피운다. 조미료, 향신료에 특히 신경 쓰면 돈이 모인다.

북서 (北西)

'금'의 방위. 품위 있고 고급스러운 공간을 만들자. 자녀가 있더라도 장난감을 항상 내놓지 않고 깔끔하고 품위 있게 정돈하는 것이 좋다.

행운의 아이템

크리스털 잡화, 은제품, 앤티크 물건.

색

크림색 계열을 중심으로 하되, 여성이 혼자 사는 공간이라면 라벤더 핑크를 추천한다.

술산(戌山)

북서 292.6도 ~ 307.5도

기쁨을 가져오고 재물을 쌓이게 하는 방위. 방의 네 모퉁이에서 운이 솟아나니 네 모퉁이에 먼지가 쌓이지 않도록 주의하자.

건산(乾山)

북서 307.6도 ~ 322.5도

권위와 위험을 나타내는 방위. 조상님과 어르신을 존경하면 운수가 좋아지므로, 불단이 있다면 깨끗하게 청소하고 명절에는 성묘에도 꼭 참여하자.

해산(亥山)

북서 322.6도 ~ 337.5도

24방위를 통솔하는 방위. 집안이 잘 정리되어 있지 않다면 운수가 하락한다. 물건을 꼼꼼하게 살피며 고르고, 인테리어는 통일감을 중시하자.

Chapter 7
금전운을 붙잡는 여행법

금전운이 좋아지는 방위

여행 풍수란 자신이 살지 않는 다른 토지에서 기를 받아들임으로 운세를 트이게 만드는 개운술^{開運術}이다.

여행을 떠나면 일상생활의 피로가 풀려 재충전되는 느낌을 받는다. 마찬가지로 다른 토지의 새로운 기를 받아들이면 운수 또한 재충전이 되며 이와 함께 더욱 강해지기까지 한다. 즉 정기적으로 여행을 떠나는 사람은 여행지에서 많은 운수를 받아들이며, 그때마다 운의 대사도 원활해진다. 운수가 좋아질 수밖에 없다.

또한 여행은 '시간'을 관장하는 '나무'의 기에 속하므로 인테리어 풍수에 비하면 효과가 금방 나타난다는 큰 장점이 있다. 언제 효과가 나타날지 예측할 수 있으니, 지금 당장 운이 필요하다거나 특정한 시기에 운수를 올리고 싶을 때도 활용할 수 있다.

물론 여행이 좋다고 해서 무조건 밖으로 나돌면 되는 것은 아니다. 일단 자신에게 길한 방위로 외출해야 하며,

목적지는 자신의 집에서 35km 이상 떨어져 있어야 한다. 여행으로 운을 높이려면 이 두 가지가 필수 조건이다.

길한 방위란 자신에게 좋은 운을 가져다주는 방위를 말한다. 길한 방위로 외출하면 순풍을 받으며 빠르게 달리는 것과 같은 효과를 거둘 수 있다. 반대로 흉한 방위로 외출하는 일은 역풍을 받으며 걸으려는 행동이나 마찬가지다. 기왕에 돈과 시간을 들여 여행을 떠난다면 당연히 길한 방향으로 가는 것이 좋다.

길한 방위는 매월 바뀌니 여행 계획을 세운다면 반드시 199~209쪽의 구성별 방위표를 확인하자. 만약 가고 싶은 곳이 길한 방위가 아니라면 그곳은 행운의 장소가 아니다. 길한 방위는 매월 바뀌므로 초조해하며 억지로 여행을 떠나지 말고, 다음에 길한 방위가 돌아오기를 기다리자.

~ 간단 명쾌한 금전운 비법 ~

올바른 방위를 측정하는 법

여행 풍수를 실천하려면 방위를 정확하게 측정해야 한다. 방위는 자신이 사는 장소에 따라 변하니 시판되는 지도에 방위를 기록해 나만의 '방위 지도'를 만들어 두면 편리하다.

1 역명이 실려 있는 대형 전국 지도를 준비한 뒤, 자신의 집이 있는 장소에 표시해 둔다.

2 방위를 기록한다. 한편 풍수상 '북'(=나침반이 가리키는 북쪽)은 지도상의 '북'(=지리상의 북쪽)보다 조금 서쪽으로 기울어 있으며, 그 각도(서편 각도)는 지역에 따라 다르므로 반드시 자신이 사는 장소의 서편 각도를 확인해야 한다. 자신의 집과 나침반이 가리키는 북쪽을 확인한 뒤 직선으로 연결한다.

3 나침반이 가리키는 북쪽을 기준으로 다른 방위를 찾아내어 지도에 기록한다. 방위의 폭은 다음 그림처럼 북, 동, 남, 서는 각 30도, 북동, 남동, 남서, 북서는 각 60도로 방위마다 다르니 실수하지 않도록 조심하자.

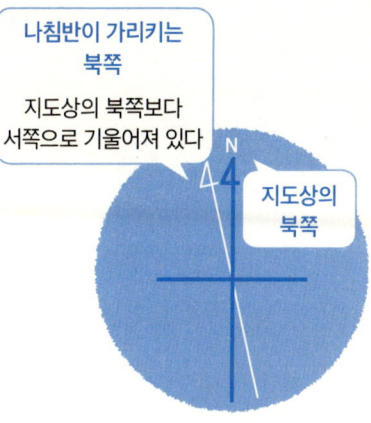

나침반이 가리키는 북쪽

지도상의 북쪽보다 서쪽으로 기울어져 있다

지도상의 북쪽

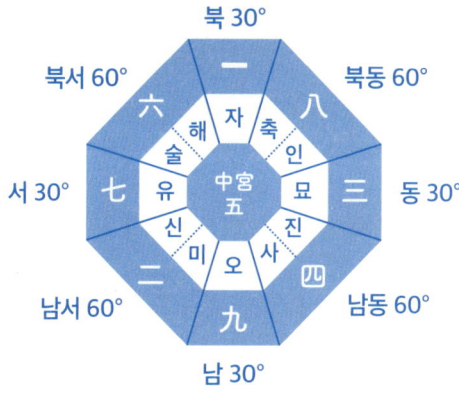

방위 폭에 주의

금전운이 좋아지려면 한곳에만 집착하면 안 된다

방위에는 각각 다른 운수가 있다. 금전운과 관련 있는 방위는 북, 남서, 북서, 서, 북동까지 총 다섯 개다(다음 페이지의 간단 명쾌한 금전운 비법 참조). 금전운을 원한다면 다섯 개의 방향이 길한 방향일 때 외출하자. 그렇다고 다섯 개의 방향에만 집착해도 곤란하다. 방위의 힘이란 서로 잡아당기며 균형을 이루므로 특정한 방위로만 가서는 운수의 균형이 무너져 오히려 운수의 상승을 막는다.

금전운을 좋게 만들고 싶다면 금전운과 관련된 방위에 중점을 놓으면서도 다른 방위에도 균형 잡히게 방문할 필요가 있다.

또한 여행 목적이 금전운을 위한 것이라 해도 금전운만 생각하거나, 다른 운을 필요 없다고 생각해서는 안 된다. 자신이 원하는 운수를 고려할 필요는 있지만, 그것이 집착으로 변하면 운을 받아들일 만한 토대가 좁아져 그 방위에서 얻을 수 있는 다른 운을 흡수할 수 없게 된다.

다른 운을 흡수했다고 해서 그만큼 금전운이 줄어들지는 않으니 하나의 운에만 집착하지 말고 넓은 마음을 가져 보자.

～ 간단 명쾌한 금전운 비법 ～

금전운 상승에 도움이 되는 방위

* 북 *

'물'의 방위. 이 방위에 갔다가 '금'의 방위로 가면 금의 방위로만 가는 것보다 더 높은 효과를 얻을 수 있다(효과의 지속 기간은 4~5년).

* 남서 *

돈을 모을 수 있는 공간을 넓혀 준다. 바로 금전운이 올라가지는 않지만, 나중에 '금'의 방위로 외출하면 효과가 살아난다.

* 서 *

돈과 여가, 만족감 등 온갖 '풍요로움'을 안겨 주는 '금'의 방위다. 특히 현금운이 좋아진다.

* 북서 *

주택운과 연결될 만큼 거금을 손에 넣고 싶다면 꼭 이 방위로 가 보자.

* 북동 *

금전운을 정착시키고 모아 준다. 많은 재산을 모으고 싶은 사람, 저금운, 투자운을 올리고 싶은 사람에게 추천한다.

4·7·10·13 법칙

길한 방위로 여행을 떠나면 그 효과는 4·7·10·13개월 또는 그 후에 반드시 나타난다. 그것을 '4·7·10·13 법칙'이라 한다. 여행 계획을 세운다면 꼭 이 법칙을 염두에 두자.

참고로 이 법칙은 '월月 단위'뿐만 아니라 '일日 단위', '년年 단위'에도 적용된다. 즉 여행의 4·7·10·13일째, 4·7·10·13년째에도 효과가 나타난다는 의미이다. 단, '일日 단위'의 경우는 '일반日盤'이라고 불리는 방위반方位盤(187페이지 그림 참조)을 보고 더 좋은 날을 선택해야 하므로 날짜를 선택하기가 어렵다. 또한 나타나는 효과도 많지 않아 크게 신경 쓸 필요는 없다. 한편 '년 단위'는 효과가 나타나기까지 오래 걸리지만 그만큼 효과는 절대적이다.

힘을 원하지만, 너무 오래 기다릴 수 없다면 '년 단위'의 길한 방위와 '월 단위'의 길한 방위가 겹친 시기(201쪽부터 길한 방위표에 ◎로 표시)에 외출하면 '월 단위'의 힘을 실감하면서 '년 단위'의 효과가 나타나기를 기다릴 수 있다.

~ 간단 명쾌한 금전운 비법 ~

대각을 활용해 효과를 높여라

방위는 서로 잡아당기며 더욱 강한 힘을 발휘하는 성질이 있다. 따라서 아무리 금전운이 좋은 방위라도 서쪽으로만 가는 사람보다는 서쪽으로 갔다가 동쪽이나 북쪽으로 가는 사람이 더 높은 효과를 누릴 가능성이 크다.

특히 북동과 북서, 북서와 남동처럼 반대(대각) 방향은 당기는 힘이 강하므로 원하는 운수가 있는 방향이 있다면 그 대각에 해당하는 방위로 가 보자. 물론 연도에 따라서는 갈 수 없는 방위도 있지만, 가능한 해에는 꼭 대각을 적절히 이용해 운수를 높이길 바란다.

금의 효과가 배로 뛰는 '삼합금국'이란?

'삼합금국三合金局'은 여행 풍수의 상급 기술인 '삼합법' 중 하나다. 삼합법은 서로 당기는 작용을 지닌 세 개의 방위를 모두 돌면 그 세 방위가 자석처럼 서로 잡아당겨 시너지 효과를 내는 비술이다. 길한 방향 한 곳으로 여행하는 것보다 운이 트이는 효과가 20배나 높다.

삼합법을 실천하려면 모든 방위를 12방위로 나누고, 각각에 간지干支를 할당한 방위반(다음 그림 참조)이 필요하다. 12방위 가운데 '돈'의 기를 지닌 곳은 사巳, 유酉, 축丑, 이렇게 세 방위다. 이 세 방위를 돌아 삼각형을 만드는 것이 삼합금국의 기본이다.

반드시 각 방향은 길한 방향일 때 가야 하며, 꼭 3년 이내에 세 방위를 돌아야 한다. 삼합법을 실천하면서 다른 방위로 여행을 떠나도 상관없다. 단, 방위가 어긋나면 효과가 사라지니, 부디 방위는 정확하게 측정하길 바란다.

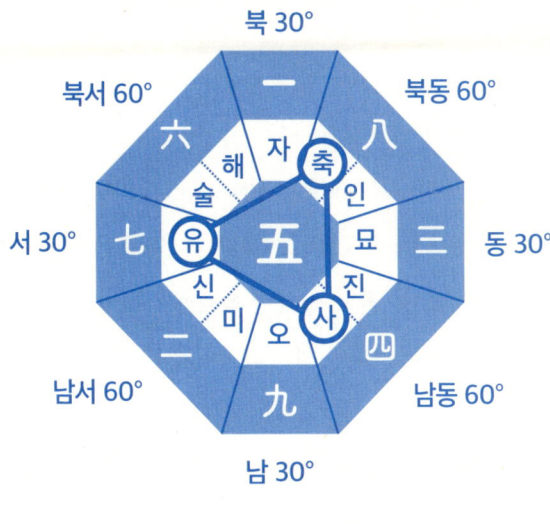

금전운이 좋아지는
여행의 주의점

여행을 가더라도 빠듯하게 일정을 소화하는 여행을 해서는 금전운이 오르지 않는다.

금전운은 '만족감'에서 만들어진다. 평소에 바빴다면 여행 중에는 더욱 느긋하게 보내자. 전신미용을 하고 온천욕을 하여 피로를 풀고, 달콤한 음식을 먹는 등 스스로가 만족스러운 여행 계획을 짜면 더욱더 효과적이다.

깨끗한 '물'을 보면 돈이 쉽게 늘어나니 호수, 강, 분수가 있는 공원에 가는 것도 좋다. 단, 같은 물이라도 바다는 '불'의 기를 품고 있으니 금전운 여행에서는 가능한 한 피하자.

여행에서 중요한 또 한 가지는 '음식'이다. 맛있다고 느끼는 일이 많으면 많을수록 금전운이 풍성해지니 어디서 무엇을 먹을지 잘 계획해야 한다. 그곳만의 특산물을 먹으러 여행을 떠나도 좋다. 반대로 먹고 싶었던 음식을 먹지 못하거나, 아무 가게나 들어가 맛있는 음식을 먹지 못하는 등의 경험을 하면 운이 뚝 떨어지니 조심해야 한다.

그리고 여행지에서 호화로운 분위기를 경험하면 쉽게 풍요로워진다. 하룻밤만이라도 돈을 써서 고급 호텔에 머물거나, 숙박은 평범한 호텔에서 하더라도 점심은 고급 음식점의 코스 요리를 먹는 등 한 번이라도 좋으니 고급스러움을 맛볼 기회를 만들자.

또한 외출하거나 여행을 떠났다면 복장도 방위에 맞춰야 한다. 여행 중에 계속 같은 티셔츠와 청바지를 입어선 안 된다. 물론 동네를 산책하거나 파워 스폿을 방문한다면 움직이기 편한 청바지라도 상관없지만, 레스토랑에서 식사하거나 고급 브랜드 가게에서 쇼핑한다면 TPO에 맞춰 복장을 바꿔야 한다.

파워 스폿에서 금전운을 흡수하라

풍수에서는 대기 속 기의 흐름을 용에 비유하며, 기가 흐르는 길을 '용맥龍脈', 용맥으로 흐르는 기가 모이는 장소를 '용혈龍穴'이라고 부른다. 파워 스폿이란 이 '용혈'을 말한다. 응축된 대지의 생기가 대량으로 날아오르는 이른바 '대지의 항아리' 같은 장소다. 그 공간에 가기만 해도 평소의 몇 배나 운수를 흡수할 수 있으니, 금전운을 올리고 싶다면 꼭 파워 스폿을 방문하자.

덧붙여, 파워 스폿 중에 사찰이나 절이 많은 이유는 그 건물 자체에 힘이 있어서가 아니다. 용혈이 있는 장소는 예로부터 성지로 숭배받는 경우가 많아 그런 토지에 사찰이나 절이 세워졌을 뿐이다. 또한 사찰과 절은 대지의 기운을 모아 두는 건축법으로 세워져 세월이 지나도 기가 움직이거나 소멸할 가능성이 작다. 이것이 파워 스폿에 사찰이나 절이 많은 이유 중 하나다.

그렇지만 모든 사찰이나 절이 파워 스폿인 것은 아니다.

파워 스폿이라며 잡지나 TV에 소개된 장소 중에는 힘이 강하지 않거나, 좋은 기가 아니라 나쁜 기가 솟아나는 곳도 있으니 잘못된 정보에 현혹되지 않도록 주의해야 한다.

~ 간단 명쾌한 금전운 비법 ~

파워 스폿에서 하면 안 되는 행동

파워 스폿은 그 토지에 생기가 응축된 '성스러운 장소'다. 금전운이 필요하다고 해서 들어가자마자 욕심스럽게 힘을 달라는 마음을 가져서는 안 된다. 일단 그 장소에 올 수 있어서 감사하다는 마음을 전하고, 토지에 친밀감을 느껴야 한다. 그게 불가능한 사람은 파워 스폿에 방문해도 효과가 없다.

또한 출입 금지 지역에는 절대로 들어가선 안 된다. 부지 내에 함부로 액세서리 등을 묻거나, 모래나 묘목을 가지고 가서도 안 된다. 새치기 같은 행동도 토지가 싫어한다. 자신만 좋으면 다른 사람은 상관없다고 생각하는 사람에게는 금전운은 물론 그 어떤 운도 찾아오지 않는다. 그에 더해 파워 스폿에서 하는 모든 말은 자신의 운에 기록된다. 그러므로 남의 험담이나 소문 이야기, 투정 등은 최대한 하지 않도록 하자.

길한 방위표 사용법

📍 길한 방위표는 생년월일로 계산하는 본명성本命星(자신이 태어난 연도에 해당하는 구성, 구성은 운명을 판단하는 아홉 개의 별이다)으로 알 수 있다. 연도나 달에 따라 길한 방위가 변하니 여행을 떠나고자 한다면 반드시 자신의 길한 방위를 확인하자.

만약 초등학생(만 13세 미만) 이하의 어린이라면 기본적으로 200쪽의 월명성月命星(자신이 태어난 달에 해당하는 구성)을 사용하길 추천한다. 그 이유는 어린이가 본명성을 사용해 여행 풍수를 실행하면 효과가 만 13세 이후에 나타나기 때문이다. 물론 즉시 효과가 나타나길 원하지 않고, 어른이 될 때까지 운을 모아 두고 싶다면 본명성을 사용하는 것도 효과적이다.

본명성표(本命星表)

일백수성 (一白水星)	1945 년생	1954 년생	1963 년생	1972 년생	1981 년생	1990 년생	1999 년생
이흑토성 (二黑土星)	1944 년생	1953 년생	1962 년생	1971 년생	1980 년생	1989 년생	1998 년생
삼벽목성 (三碧木星)	1943 년생	1952 년생	1961 년생	1970 년생	1979 년생	1988 년생	1997 년생
사록목성 (四綠木星)	1942 년생	1951 년생	1960 년생	1969 년생	1978 년생	1987 년생	1996 년생
오황토성 (五黃土星)	1950 년생	1959 년생	1968 년생	1977 년생	1986 년생	1995 년생	2004 년생
육백금성 (六白金星)	1949 년생	1958 년생	1967 년생	1976 년생	1985 년생	1994 년생	2003 년생
칠적금성 (七赤金星)	1948 년생	1957 년생	1966 년생	1975 년생	1984 년생	1993 년생	2002 년생
팔백토성 (八白土星)	1947 년생	1956 년생	1965 년생	1974 년생	1983 년생	1992 년생	2001 년생
구자화성 (九紫火星)	1946 년생	1955 년생	1964 년생	1973 년생	1982 년생	1991 년생	2000 년생

※ 1월 1일부터 절분(철이 갈리는 날, 2월 3일 또는 2월 4일) 전에 태어난 사람은 한 해 전의 구성을 이용한다. 예) 1971년 2월 10일생은 '이흑토성'이다.

※ 어린이(만 13세 미만)는 다음의 월명성표를 참고하여 생년월일로 확인하자.

어린이를 위한 월명성표

구성(九星) 생년(生年)	일백수성	이흑토성	삼벽목성	사록목성	오황토성	육백금성	칠적금성	팔백토성	구자화성
2005년	9/7~	8/7~	7/7~	6/5~	5/5~	4/5~	3/5~, 12/7~	2/4~, 11/7~	1/5~ 10/8~
2006년	6/6~	5/6~	4/5~	3/6~, 12/7~	2/4~, 11/7~	1/5~, 10/8~	9/8~	8/8~	7/7~
2007년	3/6~, 12/7~	2/4~, 11/8~	1/6~, 10/9~	9/8~	8/8~	7/7~	6/6~	5/6~	4/5~
2008년	9/7~	8/7~	7/7~	6/5~	5/5~	4/4~	3/5~, 12/7~	2/4~, 11/7~	1/6~, 10/8~
2009년	6/5~	5/5~	4/5~	3/5~, 12/7~	2/4~, 11/7~	1/5~, 10/8~	9/7~	8/7~	7/7~
2010년	3/6~, 12/7~	2/4~, 11/7~	1/5~, 10/8~	9/8~	8/7~	7/7~	6/6~	5/5~	4/5~
2011년	9/8~	8/8~	7/7~	6/6~	5/6~	4/5~	3/6~, 12/7~	2/4~, 11/8~	1/6~, 10/9~
2012년	6/5~	5/5~	4/4~	3/5~, 12/7~	2/4~, 11/7~	1/6~, 10/8~	9/7~	8/7~	7/7~
2013년	3/5~, 12/7~	2/4~, 11/7	1/5~, 10/8~	9/7~	8/7~	7/7~	6/5~	5/5~	4/5~
2014년	9/8~	8/7~	7/7~	6/6~	5/5~	4/5~	3/5~, 12/7~	2/4~, 11/7~	1/5~ 10/8~
2015년	6/6~	5/6~	4/5~	3/6~, 12/7~	2/4~, 11/8~	1/6~, 10/8~	9/8~	8/8~	7/7~
2016년	3/5~, 12/7~	2/4~, 11/7~	1/6~, 10/8~	9/7~	8/7~	7/7~	6/5~	5/5~	4/4~
2017년	9/7~	8/7~	7/7~	6/5~	5/5~	4/4~	3/5~, 12/7~	2/4~, 11/7~	1/5~ 10/8~

※ 다음 표에서 방위별 길흉 보는 법

- ◎…월 단위와 연 단위의 두 가지 효과가 나타난다
- ☽…월 단위로 효과가 나타난다
- ★…연 단위로 효과가 나타난다
- ▲…큰 효과를 기대하기 어려운 방위
- 표시 없음…마이너스 작용이 강하니 여행을 가서는 안 되는 방위

☽은 달의 길한 방위이므로 4·7·10·13월째에 효과가 나타난다.

★은 연도의 길한 방향이므로 4·7·10·13년째에 효과가 나타나지만 오래, 그리고 강하게 효과를 발휘한다.

일백수성(一白水星)

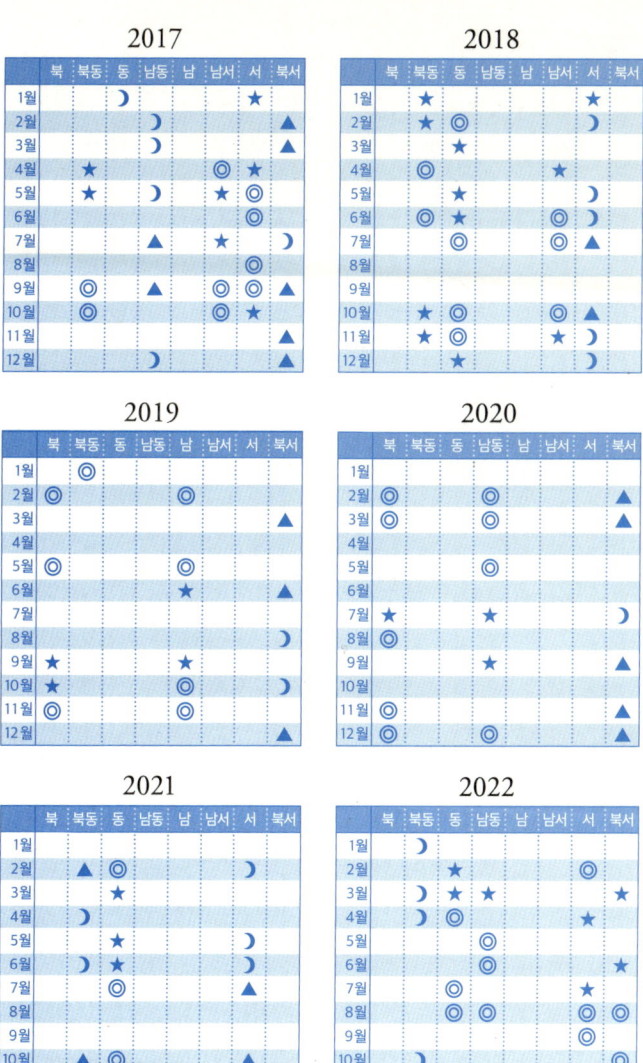

이흑토성(二黑土星)

2017

	북	북동	동	남동	남	남서	서	북서
1월				)				▲
2월						▲		
3월		▲				★		
4월		☽				★	)	
5월							)	
6월		)				★		
7월						◎		
8월						▲		
9월		▲				◎	▲	
10월		▲				◎		
11월							▲	
12월		▲			★			

2018

	북	북동	동	남동	남	남서	서	북서
1월		)					)	
2월								)
3월		)				★		
4월		☽				◎		
5월								
6월		▲				◎		
7월						◎		▲
8월								)
9월		▲				★		)
10월		☽				★		
11월								)
12월		)			★			

2019

	북	북동	동	남동	남	남서	서	북서
1월		)						
2월	)		◎		)		▲	★
3월	☽		◎					
4월								
5월	▲		◎		▲		▲	
6월								◎
7월			★		)			
8월	▲		★	)	)			◎
9월	)			)				
10월	)			)				
11월	☽		◎	)			▲	★
12월			◎		▲			

2020

	북	북동	동	남동	남	남서	서	북서
1월								★
2월				◎				◎
3월		▲		◎		▲		◎
4월		)				▲		
5월			★					
6월						▲		
7월						)		
8월			★					★
9월		▲				)		
10월		▲				)		★
11월								◎
12월				◎		▲		◎

2021

	북	북동	동	남동	남	남서	서	북서
1월		)						
2월			▲				◎	
3월		◎						
4월		◎						
5월			)				★	
6월		★	)				★	
7월								
8월			)				★	
9월		★						
10월		◎	▲				◎	
11월			▲				◎	
12월		◎						

2022

	북	북동	동	남동	남	남서	서	북서
1월		◎						
2월	)		)	▲	◎		★	★
3월			)					
4월				)				
5월	▲		)	)	★		★	
6월				)				◎
7월			▲				◎	
8월	▲		▲	▲	◎		◎	◎
9월					◎			
10월	)				◎			
11월	)		)		◎		★	★
12월			)				★	

삼벽목성(三碧木星)

2017

	북	북동	동	남동	남	남서	서	북서
1월			★				★	
2월				★				☾
3월		◎	★		☾			▲
4월								
5월		★		◎		▲		
6월		★						
7월				★	☾			☾
8월								
9월		◎		◎		▲		▲
10월								☾
11월								☾
12월		◎		★	☾			▲

2018

	북	북동	동	남동	남	남서	서	북서
1월								
2월								★
3월				▲				
4월								
5월				☾			☾	
6월								★
7월				▲			▲	◎
8월				▲			☾	◎
9월								★
10월				☾			▲	
11월								★
12월				▲			▲	

2019

	북	북동	동	남동	남	남서	서	북서
1월								◎
2월			☾				◎	
3월								★
4월			▲			★		
5월			▲			◎		
6월								★
7월			☾			★		
8월								★
9월						★		
10월								◎
11월			☾			◎		
12월								★

2020

	북	북동	동	남동	남	남서	서	북서
1월			▲				★	◎
2월				▲				☾
3월		◎		▲		◎		▲
4월								
5월		★		☾		★		
6월		★				◎		
7월				▲		◎		
8월								
9월		◎		☾		★		▲
10월								
11월								
12월		◎		▲		◎		

2021

	북	북동	동	남동	남	남서	서	북서
1월								
2월	☾				◎			
3월	▲		★		★			
4월	▲				★			
5월	▲		◎		★	☾		
6월								
7월			★			▲		
8월			★			☾		
9월								
10월	▲		◎		◎	▲		
11월	☾				◎			
12월	☾		★					

2022

	북	북동	동	남동	남	남서	서	북서
1월	▲				★			
2월	★				★			
3월			☾	◎				▲
4월				★				
5월				★				
6월		☾		★				▲
7월	★			◎				
8월	◎			◎	◎			▲
9월	◎	▲			★			
10월	★		★		★			☾
11월	★				★			
12월		☾			◎			▲

사록목성(四綠木星)

2017

	북	북동	동	남동	남	남서	서	북서
1월				★				◎
2월				★		◎	☾	
3월				★				▲
4월								
5월							★	
6월							★	
7월								
8월				◎				☾
9월				◎		◎	▲	
10월							★	☾
11월							◎	☾
12월				★				▲

2018

	북	북동	동	남동	남	남서	서	북서
1월								
2월		★	☾				▲	
3월		★	▲			☾		
4월		★				☾		
5월								
6월			▲				☾	★
7월			▲			▲	▲	◎
8월			▲				☾	◎
9월								★
10월		◎				☾		
11월		★	☾				▲	▲
12월		★	☾			☾		

2019

	북	북동	동	남동	남	남서	서	북서
1월		★						
2월								◎
3월			▲					★
4월			▲				★	
5월			▲				◎	
6월								★
7월								
8월			☾				★	
9월							★	
10월								
11월								◎
12월			▲				◎	★

2020

	북	북동	동	남동	남	남서	서	북서
1월			▲				★	◎
2월				▲				☾
3월	◎			▲				▲
4월	★							
5월	◎							
6월								
7월	★							
8월	★			☾				☾
9월				☾				▲
10월								☾
11월								☾
12월	◎			▲				

2021

	북	북동	동	남동	남	남서	서	북서
1월	★							
2월	☾	★			◎			
3월		★			★			
4월	▲	★			★			
5월	▲				★			
6월								
7월								
8월								
9월	☾				★			
10월	▲	◎			◎			
11월	☾	★			◎			
12월	☾	★						

2022

	북	북동	동	남동	남	남서	서	북서
1월	▲	★			★			
2월	★				★			
3월			★					
4월		☾	★				▲	
5월			★				☾	
6월					★			
7월	★				◎			
8월	◎		◎		◎		▲	
9월	◎	▲			★		▲	
10월	★	▲			★			
11월	★				★			
12월			★				☾	

오황토성(五黃土星)

2017

월	북	북동	동	남동	남	남서	서	북서
1월			◎	)			)	▲
2월				◎		▲		◎
3월		▲		◎		★		◎
4월		)				★	)	
5월	)		★		◎	)		
6월	)					★	)	
7월				◎		◎		★
8월				★		▲	★	
9월		▲		◎		◎		◎
10월		▲		◎		)	★	
11월						▲	▲	◎
12월		▲		◎		★		◎

2018

월	북	북동	동	남동	남	남서	서	북서
1월		)					)	
2월		)		★			◎	)
3월		)	◎			★		
4월		)				◎		
5월			◎				★	
6월		▲	◎			◎	★	)
7월			◎			◎	◎	▲
8월			◎				★	)
9월		▲				★		)
10월		)	★		★	◎		
11월		)	★			◎	◎	
12월						★	◎	

2019

월	북	북동	동	남동	남	남서	서	북서
1월		)						▲
2월	)		◎		)		▲	★
3월			◎					◎
4월						)		
5월	▲		◎		▲	▲		
6월					)	)		◎
7월	)		★		▲	)		
8월	▲		★		)	)		◎
9월	)				)	)		
10월	)				)			★
11월	)		◎		)		▲	★
12월			◎				▲	◎

2020

월	북	북동	동	남동	남	남서	서	북서
1월			◎			)		★
2월	▲			◎				◎
3월	▲	▲		◎		▲		◎
4월	)					▲		
5월	▲				★		)	
6월	)					▲		
7월	)			◎		)		★
8월			★					★
9월	▲			◎		)		◎
10월	)					)		★
11월	▲							◎
12월	▲	▲				▲		◎

2021

월	북	북동	동	남동	남	남서	서	북서
1월	)							
2월	★	◎	▲	)		◎		
3월	◎	◎	)	)				
4월	◎	◎		)				
5월	◎		)	)		★		
6월		★	)			★		
7월			)			◎		
8월	★			)		★		
9월	★	★		)				
10월	◎	◎	▲	▲		◎		
11월	★	◎	▲	)		◎		
12월	◎	◎	)			◎		

2022

월	북	북동	동	남동	남	남서	서	북서
1월	◎	◎			)			
2월	)		)	▲	◎		★	★
3월		★	)	)				◎
4월		★	)	)			◎	
5월	▲		)	)	★		★	
6월	)		)		◎			
7월	)			▲	★		◎	
8월	▲	▲	▲		◎		◎	◎
9월		◎			◎			
10월		◎			◎			★
11월			)		◎		★	★
12월		★	)	)			★	◎

육백금성(六白金星)

2017

	북	북동	동	남동	남	남서	서	북서
1월			☽	◎			☽	☽
2월				☽				★
3월		☽			★			
4월		▲			★	☽		
5월		☽			◎	☽		
6월		☽			◎			
7월				☽				★
8월				☽		▲		★
9월		▲		▲	◎	▲		◎
10월						☽		◎
11월								★
12월		☽			★			

2018

	북	북동	동	남동	남	남서	서	북서
1월		▲					☽	
2월			★				◎	
3월								
4월								
5월			★				★	
6월			◎				★	◎
7월			◎				◎	◎
8월								★
9월								
10월			★				◎	
11월			★				◎	
12월								

2019

	북	북동	동	남동	남	남서	서	북서
1월								★
2월								▲
3월								☽
4월								
5월	▲				▲			
6월					☽			
7월	☽				☽			
8월	☽				▲			
9월	▲				☽			
10월	☽				☽		▲	
11월							▲	
12월								☽

2020

	북	북동	동	남동	남	남서	서	북서
1월								☽
2월	▲							
3월	▲	◎				▲		
4월	☽	★				▲		
5월	☽	◎				☽		
6월		◎				☽		
7월	☽							
8월								
9월		★				☽		
10월								
11월	▲							
12월	▲	◎				▲		

2021

	북	북동	동	남동	남	남서	서	북서
1월	☽	★						
2월	◎	☽	▲		★		◎	
3월	★	☽			◎			
4월	◎				◎			
5월			▲				★	
6월		▲	☽				★	
7월			☽				◎	
8월	★				★			
9월	★	☽			◎			
10월	◎	▲	▲		◎		◎	
11월	◎	☽	▲		★		◎	
12월	★	☽						

2022

	북	북동	동	남동	남	남서	서	북서
1월	◎				◎			
2월			▲				★	
3월		★	☽					
4월			☽				◎	
5월	★				▲			
6월		◎			☽			
7월	◎		▲		☽		◎	
8월	◎		▲		▲		◎	
9월	★	◎			☽			
10월	◎				☽			
11월			▲				★	
12월		★	☽				★	

칠적금성(七赤金星)

2017

	북	북동	동	남동	남	남서	서	북서
1월				◎				☽
2월							☽	
3월				☽				◎
4월						☽		
5월				▲				
6월						☽		
7월				☽				★
8월				☽		▲		★
9월			▲			▲		◎
10월								◎
11월						☽		
12월				☽				◎

2018

	북	북동	동	남동	남	남서	서	북서
1월							☽	
2월		☽						◎
3월								
4월		☽					★	
5월								
6월								◎
7월						◎		◎
8월								
9월		☽				★		◎
10월		▲				★		
11월		☽					◎	
12월								

2019

	북	북동	동	남동	남	남서	서	북서
1월		☽						★
2월			★				★	
3월			◎					
4월								
5월	▲		◎		▲		◎	
6월					☽			
7월	☽		★		☽		◎	
8월	☽				▲			
9월	▲				☽		◎	
10월								
11월			★				★	
12월			◎				★	

2020

	북	북동	동	남동	남	남서	서	북서
1월								
2월	▲							
3월	▲	◎		◎		▲		◎
4월	☽	★				▲		
5월	☽	◎		★		☽		
6월								
7월				◎				★
8월				◎				★
9월				★				◎
10월		★				☽		◎
11월	▲							
12월	▲	◎		◎		▲		◎

2021

	북	북동	동	남동	남	남서	서	북서
1월	☽	★						
2월	◎	☽			★			
3월	★	☽		☽	◎			
4월		☽						
5월			▲				★	
6월			☽				★	
7월								
8월	★		☽		★		◎	
9월		☽			◎			
10월	◎	▲	▲		◎		◎	
11월	◎	☽			★			
12월	★		☽				◎	

2022

	북	북동	동	남동	남	남서	서	북서
1월		☽						
2월				☽				★
3월			▲					◎
4월		★		☽				
5월	★				▲			
6월		◎		☽	☽			◎
7월	◎	☽			☽			
8월	◎			▲	▲			
9월	★				☽			
10월		◎						★
11월								★
12월					▲			◎

팔백토성(八白土星)

2017

	북	북동	동	남동	남	남서	서	북서
1월			◎				)	
2월				◎				◎
3월		▲			★			
4월		)			★			
5월				★				
6월		)			★			
7월				◎		◎		★
8월					★			★
9월		▲		◎		◎		◎
10월		▲				◎		
11월								◎
12월		▲			★			

2018

	북	북동	동	남동	남	남서	서	북서
1월		)						
2월			★				◎	
3월		)	◎		★			
4월		)				◎		
5월			◎				★	
6월		▲				◎		
7월			◎			◎	◎	
8월			◎				★	
9월		▲			★			
10월		)			★			
11월			★				◎	
12월		)	◎				★	◎

2019

	북	북동	동	남동	남	남서	서	북서
1월		)						
2월	)		◎		)	▲	★	
3월								◎
4월			◎		)			
5월	▲		◎	▲	▲			
6월				)				
7월	)			▲				
8월	▲		★			)	)	◎
9월						)		
10월								★
11월	)		◎		)	▲	★	
12월								◎

2020

	북	북동	동	남동	남	남서	서	북서
1월			◎				)	
2월	▲							
3월	▲	▲				▲		
4월	)	)				▲		
5월	▲							
6월		)				▲		
7월						)		
8월	)							
9월		▲				)		
10월		▲				)		
11월	▲							
12월	▲	▲				▲		

2021

	북	북동	동	남동	남	남서	서	북서
1월	)	)						
2월	★				)			
3월		◎						
4월		◎						
5월	◎				)			
6월		★						
7월								
8월	★			▲				
9월	★	★			)			
10월	◎	◎		▲				
11월	★				)			
12월		◎						

2022

	북	북동	동	남동	남	남서	서	북서
1월		◎						
2월	)		▲	◎			★	★
3월				)				◎
4월				)			◎	
5월	▲		)	)	★		★	
6월					◎			
7월	)				★			
8월	▲			▲	▲	◎	◎	◎
9월						◎		
10월								★
11월	)		)		◎		★	★
12월					)			◎

구자화성(九紫火星)

2017

	북	북동	동	남동	남	남서	서	북서
1월				☽				★
2월							★	
3월		★			☽			
4월							◎	
5월		◎			☽	★		
6월		★			▲	★		
7월								
8월								
9월		◎			▲	◎		
10월	◎				▲	◎		
11월							★	
12월		★		☽				

2018

	북	북동	동	남동	남	남서	서	북서
1월						◎		
2월		◎	☽				★	▲
3월		★	☽		▲			
4월								
5월								
6월		◎	☽		▲	◎		
7월			▲		▲	◎		▲
8월			▲			★		
9월		★			☽			☽
10월			☽			◎		
11월		◎	☽		☽		★	▲
12월		★	☽			▲	★	

2019

	북	북동	동	남동	남	남서	서	북서
1월								☽
2월	★				★			
3월			☽					
4월			▲		☽			
5월	◎		▲	◎	▲			
6월				◎				
7월	◎		☽	☽	★		☽	
8월			☽				▲	
9월							▲	
10월	◎				★			
11월	★				★			
12월			☽				☽	

2020

	북	북동	동	남동	남	남서	서	북서
1월			▲				☽	
2월	◎							
3월	◎	▲		▲		◎		◎
4월	◎							
5월		☽		☽		◎		
6월		▲				★		
7월	◎		☽		☽			◎
8월	★			▲				◎
9월		☽				★		
10월		☽				★		★
11월	◎							
12월	◎	▲		▲		◎		◎

2021

	북	북동	동	남동	남	남서	서	북서
1월	◎							
2월			◎				★	
3월			◎					
4월	◎				▲			
5월	★				▲			
6월			◎				◎	
7월			★				◎	
8월	◎		★		☽		★	
9월	◎				☽			
10월	◎		◎		▲		◎	
11월			◎				★	
12월			◎				★	

2022

	북	북동	동	남동	남	남서	서	북서
1월	◎				▲			
2월					★			☽
3월			◎	◎				
4월			◎	★	◎		☽	
5월			★			▲		
6월		★		★				☽
7월			◎			☽		
8월			◎	◎			▲	▲
9월		★				▲		
10월								☽
11월								☽
12월			◎	◎				☽

Chapter 8
뿌리 깊은 금전운 풍수의 비밀

물이 있는 환경

"금은 흙에서 나와 물에서 늘어난다."라는 말처럼, '물'은 금전운을 불러들이기 위해 필수적이다. 앞서 물이 있는 곳의 환경을 잘 정비하는 일이 얼마나 중요한지 이야기했다. 그리고 여기서는 한 단계를 더 높인 운이 트이는 방법을 소개하고자 한다.

방법은 매우 간단하다. 집안의 정해진 장소에 물을 놓으면 그만이라 금방 실천할 수 있다.

하지만 지켜야 할 규칙이 두 가지 있다. 하나는 집의 좌산에 맞춘 방위(168~171쪽 참조)에 놓는 것이다. 실수로 다른 방위에 놓아두면 효과가 없을 뿐만 아니라 몇천만 원에 달하는 돈을 잃거나 가까운 지인과 돈으로 다투는 등 오히려 돈과 관련된 악운이 찾아오니 부디 주의하길 바란다. 또한 베란다처럼 방 밖에 놔두어도 효과를 실감할 수 없으니 반드시 실내에 놓아야 한다.

물을 담는 용기의 크기도 중요하다. 용기가 너무 크면

공간의 균형이 깨져 오히려 금전운을 나쁘게 만든다. 물의 양이 많든 적든 효과는 차이가 없으니, 공간에 어울리는 크기의 용기를 사용하자. 용기는 볼이나 수조, 어항 등 입구가 넓은 것을 추천한다. 입구가 가늘고 좁은 용기는 큰 효과를 기대할 수 없다.

물은 자주 갈아 주고 항상 깨끗하게 닦자. 물속에 수면을 뒤덮지 않을 정도의 천연석을 넣거나, 꽃잎을 띄워도 좋다. 비오톱(인공적으로 조성한 자연)과 같은 순환 시스템을 설치해도 금전운 상승으로 연결된다.

팔운八運은 금전운이 조금씩 상승하는 시기

물을 놓아두려고 한다면 먼저 집의 좌산을 확인해야 한다. 170쪽의 방법으로 좌산을 24방위로 정확히 계산한 다음, 217쪽의 표를 참조해 물을 놓을 장소를 결정하자. 이는 2021년 현재의 기 배치(=팔운八運, 1운에서 9운까지 반복되는 삼원구운三元九運 시기 중 하나, 2004~2023년)방위표다. '물'의 기는 약 20년마다 움직이니 물을 놓을 위치도 그 타이밍에 바뀐다.

물을 놓은 후에 어떤 형태로 효과가 나타날지는 시기에 따라 달라진다. '칠운七運(1984~2003년)' 시기에는 보너스 액수가 크게 늘고 임시 수입이 생기는 등 급격한 현금운이 상승하는 경우가 많다. 하지만 '팔운'은 기가 서서히, 천천히 움직이기 때문에 금전운도 비교적 차분하게 상승한다.

반가운 선물을 받는 일이 많아지고, 방치하던 은행 예금에 어느새 이자가 붙어 있는 등, 은밀히 금전운이 상승하는 일이 많아진다.

~ 간단 명쾌한 금전운 비법 ~

방위표와 물을 놓는 장소

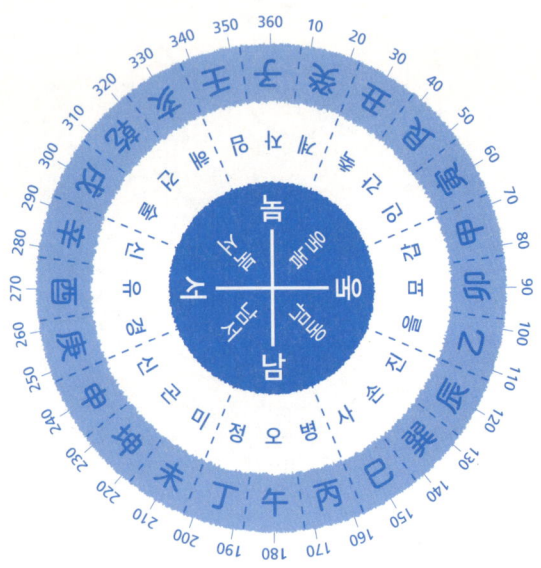

* 방위가 여러 개면 그중에 어느 것이든 상관없다. 다음 표에서 '불필요'에 해당하면 물을 놓지 않아도 되지만, 꼭 놓고 싶다면 좌산의 방향에 놓아두자.

집의 좌산	물을 놓는 장소
임(壬)	불필요
자(子)	미(未)·곤(坤)·신(申)
계(癸)	미(未)·곤(坤)·신(申)
축(丑)	술(戌)·건(乾)·해(亥)
간(艮)	경(庚)·유(酉)·신(辛)
인(寅)	경(庚)·유(酉)·신(辛)
갑(甲)	경(庚)·유(酉)·신(辛)
묘(卯)	병(丙)·오(午)·정(丁)
을(乙)	병(丙)·오(午)·정(丁)
진(辰)	미(未)·곤(坤)·신(申)
손(巽)	경(庚)·유(酉)·신(辛)
사(巳)	경(庚)·유(酉)·신(辛)
병(丙)	축(丑)·간(艮)·인(寅)·갑(甲)·묘(卯)·을(乙)
오(午)	불필요
정(丁)	불필요
미(未)	축(丑)·간(艮)·인(寅)
곤(坤)	임(壬)·자(子)·계(癸)
신(申)	임(壬)·자(子)·계(癸)
경(庚)	갑(甲)·묘(卯)·을(乙)
유(酉)	갑(甲)·묘(卯)·을(乙)
신(辛)	갑(甲)·묘(卯)·을(乙)
술(戌)	병(丙)·오(午)·정(丁)·진(辰)·손(巽)·사(巳)
건(乾)	병(丙)·오(午)·정(丁)
해(亥)	병(丙)·오(午)·정(丁)

금전운을 불러들이는 필승 아이템 '금운부'

'금운부'란 금전운에 효과가 있는 부적이다. 풍수에서 부적은 운을 틔워주는 매우 일반적인 방법이다. 종류만 수천수만 가지가 있고 목적도 효과도 매우 다양하다. 그뿐만 아니라 부적을 쓰기 위해서는 엄격한 수행이 필요하기도 하다. 효과가 작을 수도 있고 소원을 이루기 위해 큰 대가를 치러야 할 때도 있다.

특히 금운부에는 '자신의 목숨을 바친다', '장남을 바친다'와 같이 현대에서는 상상조차 하기 힘들 만큼 괴이하고 큰 위험이 따르는 대가가 많아 일반인이 가볍게 이용할 수 있는 것이 거의 없다. 그런데 지금 소개할 부적은 수행을 쌓지 않아도 쓸 수 있고, 금전운을 늘려주는 효과가 있으며, 대가가 없는 유일한 금운부이다.

금운부는 금전운을 '상승'시킨다기보다는 '만들어 내는' 것이므로 금전운이 전혀 없거나, 금전운이 마이너스인 사람도 이 부적을 사용하면 0에서부터 만들어 낼 수 있다.

물론 현재 금전운이 플러스인 사람은 그 위에 또 쌓을 수 있으니, 이전보다도 훨씬 많은 금전운을 손에 넣을 수 있을 것이다.

~ 간단 명쾌한 금전운 비법 ~

부적을 쓰기 위해 준비할 것

부적에 쓰이는 도구는 새로 구매하여 사용하자. 고가일 필요는 없으니 너무 부담을 갖지 않아도 된다. 단, 새로 구매한 도구는 부적을 쓰는 데만 사용하고 다른 용도로는 사용하지 말자.

- 붓
- 먹
- 벼루
- 흰 종이

붓글씨용 한지가 가장 좋다. 작게 잘라서 사용해도 괜찮다.

- 길한 방위에서 떠온 물

앞서 찾아본 길한 방위에서 가져온 미네랄워터가 좋다. 그 달의 길한 방위에서 물을 얻지 못했다면 그 해의 길한 방위에서도 괜찮다.

부적은 어떻게 쓰는 걸까?

시간

대길일大吉日 또는 길일(224~225쪽 참조)의 이른 아침에 쓴다. 부적은 사람의 기를 흡수하므로 사람들이 일어나기 전인 오전 4시에서 6시 사이가 가장 좋다. 늦어도 아침 8시 전에는 완성하자.

복장

새로 산 흰색 속옷을 입고, 옷도 새로 구매한 옷을 입자.

장소

청결한 장소라면 어디든 괜찮다. 전날까지 깨끗이 청소하고, 도구들도 준비해 두자.

쓰기 전 준비

아침에 일어나면 몸을 물에 담그고 머리와 온몸을 씻은 후, 이를 닦는다. 배가 부르면 기가 들어오기 힘드니, 아침 식사를 하기 전에 쓰자. 배가 고파 참기 어렵다면 가볍게 허기를 채우자.

전날 밤

전날 밤은 평소와 다름없이 보내도 되지만, 마늘처럼 냄새가 강한 음식은 피하자. 술을 마신다면 다음 날 아침에 술기운이 남지 않을 만큼만 마시자.

부적을 쓰는 방법

❶ 먹을 갈고 붓의 끝을 정리한다.

❷ 부적 작성 주문인 신주神呪를 읊는다.

「천원지방天員地方 율령구장律令九章 오금하필吾今下筆 만귀복장萬鬼伏藏 급급여율령急急如律令」

신주는 문자를 보면서 읊으면 효과가 없으니 사전에 암기해 두자.

❸ 숨을 크게 들이쉰 후 단숨에 쓰자.

숨을 크게 들이쉬고 붓을 내려 필순대로(222쪽 참조) 단숨에 쓰자. 형태가 다소 무너져 균형이 잡히지 못해도 문제는 없지만, 필순을 틀리면 효력이 사라지니 조심하자.

또한 도중에 숨을 내뱉으면 기가 빠져 효과가 사라진다. 도저히 숨을 참지 못하겠다면 일단 붓을 거두고 숨을 쉰 다음 신주를 읊자. 그리고 한 번 더 숨을 들이쉰 후, 붓을 들고 이어서 쓴다. 단, 숨을 계속 쉬어서는 효과가 감소하니 가능하다면 숨을 참고 한 번에 쓸 수 있도록 노력하자. 도중에 먹이 부족하다면 숨을 계속 참으면서 조심조심 다시 붓에 먹을 먹인다.

잘못 쓴 부적 처분법

연습용으로 쓴 부적이거나 끝까지 썼지만 마음에 들지 않는 부적은 사찰에 공양해 불태우거나 직접 불태운다. 기를 다 흡수한 뒤의 부적도 마찬가지 방법으로 처분한다.

부적 필순

필순은 지그재그

㉚, ㉜는 마름모의 모서리에 맞춘다.

㊷~㊺는 평행하게 쓴다

둥글게 쓰는 법

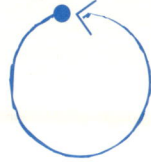

마름모꼴 쓰는 법

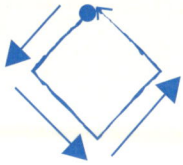

㉘ 마름모꼴은 한 획으로

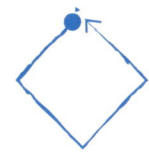

㉙ 한 획으로 쓴다

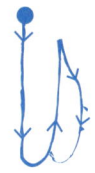

㊻ 한 획으로 쓴다

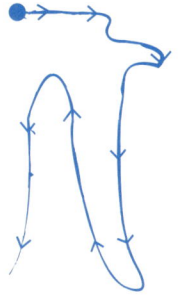

대길일·길일 일람표

대길일

2017
1/3, 1/15, 1/16, 1/25
2/15, 3/4, 3/16, 3/17
3/26, 4/16, 5/3, 5/15
5/16, 5/25, 6/15, 7/2
7/14, 7/15, 7/24, 8/14
8/31, 9/12, 9/13, 9/22
10/13, 10/30, 11/11, 11/12
11/21, 12/12, 12/29

2018
1/10, 1/11, 1/20, 2/10
2/27, 3/11, 3/12, 3/21
4/11, 4/28, 5/10, 5/11
5/20, 6/10, 6/27, 7/9
7/10, 7/19, 8/9, 8/26
9/7, 9/8, 9/17, 10/8
10/25, 11/6, 11/7, 11/16
12/7, 12/24

2019
1/5, 1/6, 1/15, 2/5
2/22, 3/6, 3/7, 3/16
4/6, 4/23, 5/5, 5/6
5/15, 6/5, 6/22, 7/4
7/5, 7/14, 8/4, 8/21
9/2, 9/3, 9/12, 10/3
10/20, 11/1, 11/2, 11/11
12/2, 12/19, 12/31

길일

2017
1/1, 1/10, 1/19, 1/21, 1/29
1/31, 2/20, 3/2, 3/11, 3/20
3/22, 3/30, 4/1, 4/21, 5/1
5/10, 5/19, 5/21, 5/29, 5/31
6/20, 6/30, 7/9, 7/18, 7/20
7/28, 7/30, 8/19, 8/29, 9/7
9/16, 9/18, 9/26, 9/28, 10/18
10/28, 11/6, 11/15, 11/17, 11/25
11/27, 12/17, 12/27

2018
1/5, 1/14, 1/16, 1/24, 1/26
2/15, 2/25, 3/6, 3/15, 3/17
3/25, 3/27, 4/16, 4/26, 5/5
5/14, 5/16, 5/24, 5/26, 6/15
6/25, 7/4, 7/13, 7/15, 7/23
7/25, 8/14, 8/24, 9/2, 9/11
9/13, 9/21, 9/23, 10/13, 10/23
11/1, 11/10, 11/12, 11/20, 11/22
12/12, 12/22, 12/31

2019
1/9, 1/11, 1/19, 1/21, 2/10
2/20, 3/1, 3/10, 3/12, 3/20
3/22, 4/11, 4/21, 4/30, 5/9
5/11, 5/19, 5/21, 6/10, 6/20
6/29, 7/8, 7/10, 7/18, 7/20
8/9, 8/19, 8/28, 9/6, 9/8
9/16, 9/18, 10/8, 10/18, 10/27
11/5, 11/7, 11/15, 11/17, 12/7
12/17, 12/26

대길일 | 길일

2020

대길일: 1/1, 1/10, 1/31, 2/17, 2/29, 3/1, 3/10, 3/31, 4/17, 4/29, 4/30, 5/9, 5/30, 6/16, 6/28, 6/29, 7/8, 7/29, 8/15, 8/27, 8/28, 9/6, 9/27, 10/14, 10/26, 10/27, 11/5, 11/10, 12/13, 12/25, 12/26

길일: 1/4, 1/6, 1/14, 1/16, 2/5, 2/15, 2/24, 3/4, 3/6, 3/14, 3/16, 4/5, 4/15, 4/24, 5/3, 5/5, 5/13, 5/15, 6/4, 6/14, 6/23, 7/2, 7/4, 7/12, 7/14, 8/3, 8/13, 8/22, 8/31, 9/2, 9/10, 9/12, 10/2, 10/12, 10/21, 10/30, 11/1, 11/9, 11/11, 12/1, 12/11, 12/20, 12/29, 12/31

2021

대길일: 1/4, 1/25, 2/11, 2/23, 2/24, 3/5, 3/26, 4/12, 4/24, 4/25, 5/4, 5/25, 6/11, 6/23, 6/24, 7/3, 7/24, 8/10, 8/22, 8/23, 9/1, 9/22, 10/9, 10/21, 10/22, 10/31, 11/21, 12/8, 12/20, 12/21, 12/30

길일: 1/8, 1/10, 1/30, 2/9, 2/18, 2/27, 3/1, 3/9, 3/11, 3/31, 4/10, 4/19, 4/28, 4/30, 5/8, 5/10, 5/30, 6/9, 6/18, 6/27, 6/29, 7/7, 7/9, 7/29, 8/8, 8/17, 8/26, 8/28, 9/5, 9/7, 9/27, 10/7, 10/16, 10/25, 10/27, 11/4, 11/6, 11/26, 12/6, 12/15, 12/24, 12/26

2022

대길일: 1/20, 2/6, 2/18, 2/19, 2/28, 3/21, 4/7, 4/19, 4/20, 4/29, 5/20, 6/6, 6/18, 6/19, 6/28, 7/19, 8/5, 8/17, 8/18, 8/27, 9/17, 10/4, 10/16, 10/17, 10/26, 11/16, 12/3, 12/15, 12/16, 12/25

길일: 1/3, 1/5, 1/25, 2/4, 2/13, 2/22, 2/24, 3/4, 3/6, 3/26, 4/5, 4/14, 4/23, 4/25, 5/3, 5/5, 5/25, 6/4, 6/13, 6/22, 6/24, 7/2, 7/4, 7/24, 8/3, 8/12, 8/21, 8/23, 8/31, 9/2, 9/22, 10/2, 10/11, 10/20, 10/22, 10/30, 11/1, 11/21, 12/1, 12/10, 12/19, 12/21, 12/29, 12/31

부적 활용법

부적은 물론 1장만으로도 효과가 있다. 하지만 여력이 된다면 3장 정도 똑같은 부적을 만들어 두자. 몸에 지니고 다니거나 집안에 붙이는 등 다양한 방법으로 힘을 흡수할 수 있어 더욱 효과적으로 활용할 수 있다. 부적 3장은 모두 다른 날에 써도 상관없고, 크기가 제각각이라도 상관없다.

●집안에 붙인다

액자에 넣어 자신의 시선보다 높은 위치에 붙인다. 직접 압정으로 꽂아 두지는 말자. 또한 직사광선이 닿는 장소나 남쪽 벽 등 '불'의 기를 받는 장소에는 붙여 둬선 안 된다. 다른 사람에게 보이고 싶지 않다면 거울이나 그림의 뒤에 붙여도 되지만, 부적의 앞면이 자신을 향하도록 붙이자. 그리고 보이지 않는 장소에 붙이면 효력이 쉽게 떨어지므로 6개월 정도 지나면 부적을 다시 쓰길 추천한다.

●몸에 지닌다

다음 장의 그림처럼 접어서 피부에 직접 닿는 장소에 넣어 지니고 다닌다. 천이나 종이봉투에 넣어서 몸에 지니고 다녀도 된다. 몸에 지닌 부적은 쉽게 잃어버리기도 하지만, 그렇다고 해도 걱정할 필요는 없다.

●물을 이용해 기를 흡수한다

깨끗한 물을 컵에 넣고 컵 위에 젓가락을 올린다. 그리고 그 위에 부적의 앞면이 물에 비치도록 부적을 올린다. 그대로 두 시간 이상 놓아둔 뒤 컵의 물을 마신다.

●부적에서 직접 기를 흡수한다

부적을 얼굴 앞으로 들어 올리고 호흡과 함께 마시는 듯한 이미지를 떠올린다. 추가로 그 기가 단전(배꼽 아래)에 머무는 이미지를 떠올린다.

부적 접는 법

그림처럼 부적면이 안쪽에 오도록 가늘게 접는다.

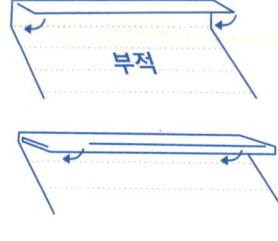

부적 위 가장자리부터 1.5센티미터 폭이 되도록 접은 뒤, 계속 접는다.

가늘고 길게 접은 부적을 다시 작게 접는다. 또는 사찰의 길흉 제비를 나뭇가지에 묶듯이 접어도 된다.

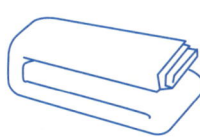 

Chapter 9

돈이 들어오는 풍수 Q&A

Q 1.

적은 소득 때문에 생계를 유지하기 힘든데, 어떻게 하면 좋을까요?

A

정말로 돈을 좋아하고, 원하면 돈은 반드시 모인다. 돈이 모이지 않는 이유는 스스로가 '이러지도 저러지도 못하겠다', '노력했는데도 아무 소용이 없다'와 같은 생각을 강하게 하고 있어서이다. 힘들다고 생각하면 생각할수록 돈은 곁에서 멀어진다. 이러지도 저러지도 못하는 상황을 당신이 만들고 있는 것이다. 돈을 만들기 위해 필요한 것은 자신감이다. 진심으로 금전운을 올리고 싶다면 '노력해도 소용없다.'라는 혼자만의 착각을 버리고 자신의 금전운에 자신감을 가지자.

또한 금전운이란 풍요로운 토양에서 태어난다. 자신의 토양이 메말라 있다면 아무리 노력해도 돈이 만들어지지 않는다. 풍요로움을 손에 넣고 싶다면 먼저 현재 일상생활 속에서 '풍요로움'을 느끼는 순간을 조금씩이라도 늘려 나가자. 식탁에 꽃을 장식하거나, 아로마 디퓨저로 좋아하는 향기를 즐기거나, 마음에 드는 컵으로 천천히 차를 즐기는 등 작은 노력이라도 상관없다.

그리고 지금보다 돈이 많다면 무엇을 하고 싶은지 상상해 보는 것도 도움이 된다. 마음에 드는 소파에 쿠션을 놓고 차를 마시면서 편하게 쉬거나 좋아하는 나라로 여행을 가서 즐겁게 지내는 등 이렇게 풍요로운 자신의 모습을 떠올리다 보면, 당장 돈이 없더라도 미래에는 금전운이 생길 것이다.

> Q 2.

취직을 할 때 금전운이 좋은 회사를 선택하려면 어떻게 해야 할까요?

회사를 선택하려고 둘러보면 아무래도 그 회사의 실적에 눈이 가기 마련이다. 하지만 회사가 아무리 수익이 크다 하더라도 그 돈이 사원에게 환원되지 않으면 '금전운이 좋은 회사'라고는 할 수 없다. 또한 연봉이 높더라도 사원에게 장시간 노동을 강요하거나 무급 야근을 강요하는 회사라면 그 또한 금전운이 좋은 회사가 아니다. 그러니 실적과 연봉 그리고 일하는 환경의 균형을 잘 확인하고 판단해야 한다.

그에 더해 꼭 주목해야 할 점이 있는데, '여유'가 있느냐 없느냐가 중요하다. 독특한 기획이나 재미있는 발상을 적극적으로 받아들이는 회사에는 자연히 돈이 모여든다. 또한 회사의 이익을 기부나 자선 활동 등의 형태로 사회에 환원하는 회사는 금독이 잘 쌓이지 않아 돈이 원활히 순환되므로 그곳에서 일하는 사원들의 돈도 잘 돌게 된다.

반대로 돈벌이에만 열중하는 회사는 금독이 쌓이기 쉽다. 일시적으로 실적이 좋을 순 있어도 결코 오래 가지 않는다.

입사 전에는 확인하기 힘든 사무실 환경이나 사내의 분위기도 중요한 요소다. 면접을 볼 때 지나친 압박 면접을 시도하거나 성희롱에 가까운 질문을 하는 회사 또는 사무실 내 소통이 원활하지 못해 숨이 막힐 듯한 회사는 실적이 좋다 하더라도 피해야 한다.

> Q 3.

취미를 살려 장래에는 개인 사업을
하려는데, 창업에 성공하는 비결이 있나요?

창업과 독립이 꿈이라면 먼저 구체적인 비전이 필요하다. '가게를 차린다.'처럼 단순하고 어렴풋한 이미지가 아니라 6개월 후, 1년 후, 3년 후의 자신, 즉 지금보다 확실히 한 단계 더 진보한 자신을 뚜렷하게 떠올려 보자. 그런 자신을 떠올릴 수 없다면 아직 시기가 이르거나, 창업에 어울리지 않는 사람일 수 있다.

또한 수요가 없는 사업은 지속될 수 없다. 단순히 하고 싶다는 이유만으로는 성공하기 어렵다. 취미를 살려 가게를 차려도 수익을 낼 만한 수요가 있을지, 다른 사람을 위한 일인지를 사전에 파악하자. 화제가 되는 장소에 가 보거나 유행하는 액세서리를 다는 등 '지금'을 열심히 사는 것 또한 시대의 수요 흐름을 읽는 방법이다.

자금을 많이 준비하여 가능한 한 여유 있는 상태에서 시작하길 권하는 바다. 가게를 열었다고 처음부터 순조롭게 돈이 들어오지 않을 수 있다. 6개월 정도 곤란을 겪지 않을 만큼 자금을 모은 뒤 시작해야 처음부터 후회하지 않는다.

가게가 제대로 자리를 잡은 이후의 일도 생각해 두어야 한다. 가게가 번창해 큰돈을 벌었다면 '금독'을 조심해야 한다. 일단 거금을 손에 넣으면 동시에 금독이 몰려드니 수익의 몇 퍼센트를 정기적으로 기부하는 등 방어책을 세워 둬야 한다. 그리고 손님에게 돈을 받는 행위를 '당연'하다고 생각해선 돈이 순식간에 도망친다. 항상 감사하는 마음을 가슴에 새기도록 하자.

> **Q 4.**

지인의 권유로 산 주식이 폭락하면서 큰 손해를 봤는데, 어떻게 해야 할까요?

지인의 권유로 샀다고 했는데, 당신 스스로도 '원해서' 산 것인가? 금융 상품이건 다른 상품이건, 자신이 원해서 사지 않았다면 금전운은 따라오지 않는다. 아무리 신뢰가 가는 사람이 권했다 하더라도 그 사람에게 휩쓸려 사는 것은 안 된다. 금융 상품을 사고자 한다면 스스로 공부한 뒤, 꼭 사고자 하는 마음이 드는 상품을 자신의 의지와 판단으로 구매해야 한다.

또한 한번 잃은 돈은 되돌아오지 않는다. 그러나 계속

그 일만 생각하며 고민하면 금전운이 더 하락해 버린다. 실패를 계속 자책하면 부정적인 인식이 몸 구석구석 그대로 남는다.

그러니 '실패'가 아니라 '좋은 공부가 됐다.'라고 생각하자. 일단 사라진 돈은 '날 떠나고 싶었구나.' 정도로 생각하고 잊자. 그렇게 긍정적으로 생각하면 다음에는 틀림없이 돈이 따를 것이다.

Q 5.

쇼핑을 즐기는 편이라 있는 돈을 모두 써버리는데, 어떻게 하면 돈이 늘어날까요?

돈은 즐겁게 쓸수록 늘어나지만, 지금 있는 돈을 전부 써서는 당연히 모이지 않는다. 돈을 모으고 싶다면 아주 조금이라도 좋으니 돈을 남겨 보자.

'항상 있는 만큼 쓰는 사람'은 1주일의 예산을 정하고, 그보다 조금 더 많은 돈을 지갑에 넣어 다니자. 그렇게 하면 예산만큼 돈을 써도 돈이 남는다. 그런 습관을 들이면 조금씩 돈이 늘어난다.

동시에 사용하지 않는 카드의 연회비나 핸드폰 서비스

요금 등 자신이 미처 깨닫지 못한 곳에서 나가는 돈이 없는지 확인해 보자. 냉장고에 유통기한이 다 된 식품이 많이 들어 있거나 싸다고 음식을 잔뜩 사서 그냥 버린 적이 있다면, 그것 또한 돈이 흘러서 나가 버리는 원인이 된다.

가계부를 쓰지 않는 사람은 이번 기회에 대략적이라도 써 보는 습관을 키우자. 자신도 모르게 낭비하는 돈을 쉽게 발견할 수 있다.

Q 6.

사회적 지위가 높은 사람과 결혼하려면 어떻게 해야 하나요?

A

자신보다 사회적 수준이 높은 사람과 결혼하고 싶다면, 우선은 금전운을 단련해야 한다. 자신의 힘으로 큰돈을 벌지 못하는 사람, 누군가가 자신을 행복하게 해 주기만을 바라는 사람은 사회적 지위가 높은 사람을 만날 수 없다.

또한 인연이란 그 사람의 수준과 비례한다. 옷을 깔끔하게 입지 않고, 품위 없는 말을 쓰거나 거칠게 행동을 한다면, 그런 수준에 걸맞은 사람 외엔 만날 수 없다. 자신이 만나는 상대의 수준을 높이고자 한다면 자신의 겉모습과 행동을 재검토해 '사회적 지위가 높은 자신', '지금보다 한 단계 발전한 자신'을 만들어야 한다. 특히 품위 있게 보여야 한다는 사실을 기억하자. 어떻게 하면 품위 있게 보일지 모르겠다는 사람은 다도(차를 달여 마실 때의 예법)나 옷을 차려입는 법을 배워 보자. 그렇게 먼저 겉모습부터 바꿔 가는 것도 하나의 방법이다.

윈도쇼핑을 즐기는 것도 좋다. 입는 옷도 캐시미어, 실크 울과 같은 고급스러운 소재를 선택하자. 모조품이 아니라 진짜 보석을 몸에 걸치고 다녀 보자. 추천하는 보석은 핑크 사파이어와 진주 등이다. 특히 핑크 사파이어는 '인생 역전'의 보석이라고 불릴 만큼 사회적 지위가 높은 사람과 인연을 만들어 주는 액세서리 중 하나다.

결혼을 위한 모임에 참가했는데 마음에 드는 사람이 없어도 실망해선 안 된다. 초조해하면 인생 역전은커녕 인연 그 자체가 도망가 버린다. 방금 만난 사람에게 결혼 얘기를 꺼내거나 연애도 하기 전에 결혼을 서둘러도 안 된다. 결혼은 만남과 연애를 거쳐야 비로소 현실이 된다는 사실을 잊지 말길 바란다.

Q 7.

남편이 빚이 있는데, 이 빚을 모두 갚으려면 어떻게 해야 할까요?

A

이 책의 112쪽에서도 말했듯이 빚이란 마이너스 금전운이다. 금액에 관계없이 빚이 있다면 그만큼 큰 핸디캡을 짊어지게 된다. 게다가 부정적인 기운은 더 큰 부정적인 기운을 불러오니, 본전을 회복하고 다시 플러스로 만들기는 무척 어렵다. 대책이라면 하루라도 빨리 빚을 갚고 마이너스 기운을 지워 버리는 수밖에 없다.

이번 사례는 빚을 진 사람이 남편이니 남편 본인이 그 사실을 자각하고 빚을 갚아야만 한다. 그리고 그런 남편을 잘 돕는 게 배우자가 해야 할 일이다. '왜 빌렸어?', '난 몰라. 당신이 알아서 해.'와 같이 일방적으로 남편을 비난해선 안 된다. 남편과 차근히 대화를 나누고 빚을 갚기 위한 계획을 세우자.

또한 빚이 있으면 쉽게 금독이 쌓이니 평소보다 더 자주 공간을 정화해야 한다. 소금물 목욕이나 흰옷을 입으면 정화 효과가 있어 좋으니 남편에게 권하자.

Q 8.

자가가 없으니 노후가 불안한데, 토지나 집을 사 둬야 할까요?

　자가든 임대든 집이 가져오는 운은 같다. 임대라 해도 자신 나름대로 환경을 꾸미고 편하게 살면 그 집에서도 많은 운을 얻을 수 있다. 그러니 내 집 마련에 집착하지 않아도 된다.

　원래 동양에는 고정된 집과 토지를 선호하는 '농경 민족'에 가까운 사람이 많지만, 그런 사람은 중산층은 될 수 있어도 큰돈을 얻지 못한다.

　기란 원래 항상 흐르며 변화하기 때문이다. 눈에 보이는

'형태'에 집착하면 기의 흐름이 막혀 버린다. 토지나 집에 집착하지 않고 자유롭게 행동하는 '유목민' 타입의 사람이야말로 큰돈을 벌 수 있다.

물론 무리해서라도 꼭 살고 싶은 집이나 토지가 있다면 사도 된다. 하지만 이곳에서 평생 살겠다거나, 죽을 때까지 살겠다며 집착해서는 오히려 그 장소에 부담을 주게 되어 운을 떨어뜨리니 주의하자. 또한 집과 토지를 사기 위해 현재를 빠듯하게 살아가서는 풍요로움을 누리지 못하고 운이 깎이니 절대로 그래서는 안 된다.

> **Q 9.**

원래 청소를 잘하지 못하는 성격인데, 집을 깨끗하게 하려면 어떻게 해야 할까요?

A

평소 바빠서 청소를 못 하는 사람은 시간이 생기면 하겠다고 다짐하지만, 결국 시간이 지나도 손을 못 댈 뿐 아니라 오늘도 청소를 못 했다는 죄책감만 계속 쌓인다. 그러니 그런 다짐 대신 일단 한 곳이라도 청소하자. 처음에는 서랍 하나라도 괜찮다. 특히 금전운을 올리고 싶다면 냄비 그을음 청소와 쓰지 않는 플라스틱 버리기 등을 해보자. 한 곳이 깔끔해지면 그곳에서부터 힘이 생겨 '다음엔 이곳을 청소해 볼까?' 하는 마음이 생긴다. 첫걸음이 매우 중요하다. 하나가 되면 또 하나 그리고 또 하나, 이런 식으로 깔끔한 장소를 넓혀 가면 '늘었다'는 감각과 함께 금전운도 강해진다.

사실 청소란 반드시 해야만 하는 것은 아니다. 다만 청소를 안 하면 방이 더러워지고, 당연히 운도 없어진다. 하지만 청소를 구석구석 잘하지 않았다고 해서 다른 사람과 비교하거나, 청소도 제대로 못 한다며 자책하지 말자. 부정적인 생각을 갖고 청소를 하면 공간은 깨끗해지지 않으며, 깨끗해진 듯해도 금방 더러워져 버린다. 청소는 청소하는 사람 스스로가 의욕을 가져야 의미가 있는 행동이다.

도저히 시간이 확보되지 않는다면 청소 서비스를 이용해도 된다. 물론 돈은 들겠지만, 부정적인 기분으로 마지못해 청소할 바에야 청소 서비스를 이용하는 게 더 효과적이다. 그 대신 깨끗해진 상태를 3일간은 유지하자. 그게 가능하다면 그 이후에도 깨끗한 공간을 유지할 수 있을 것이다.

Q 10.

사이가 안 좋은 친척과 시부모님의 유산 상속을 원만하게 진행하려면 어떻게 해야 할까요?

 유산 상속으로 다투는 경우는 대부분 고인이 생전에 확실한 결정을 내려 두지 않았기 때문이다. 부모님이 아직 건강하다면 지금 유산에 관해 깊이 대화를 나누길 추천한다.

 원래 자녀에게 큰돈을 남기려는 생각 자체가 풍수적으로는 그다지 좋지 않다. 돈이란 자신이 만들어 내는 것이지, 부모에게 받는 성질이 아니기 때문이다. 자녀의 금전운을 풍성하게 하고자 한다면, 돈 그 자체를 주기보다는 스스로 돈을 만들어 낼 수 있는 능력을 갖출 수 있도록 키워야 한다.

또 재산을 받는 사람은 유산이란 자신의 노력으로 얻은 돈이 아니라 선물이라는 점을 확고히 인식해야 한다. 선물이라면 받는 그 자체로 고마운 일이다. 그러니 유산 분배로 불평을 터뜨리는 일도 없어야 한다.

그래도 다툼이 벌어질 조짐이 보이면, 아예 유산을 상속받지 않는 선택지도 있다. 돈은 중요하지만, 부모나 형제와의 추억과 유대를 무너뜨리면서까지 손에 넣어야 할 가치가 있을까? 그런 점도 가족과 대화를 잘 나눠 보길 바란다.

Q 11.

우리 아이를 금전운이 좋은 아이로 키우려면 어떻게 해야 할까요?

A

자녀가 풍요로운 인생을 보낼 수 있을지 없을지를 결정짓는 요소는 '음식'이다. 어릴 때부터 음식을 잘 먹이는가 먹이지 않는가로 미래의 금전운이 결정된다. 그렇다고 호화스럽기 짝이 없는 음식을 줘야 한다든가, 부모가 엄청난 요리 실력을 발휘해야 하는 것은 아니다.

다만 식사에 관심을 가져야 한다. 아주 평범한 메뉴라도 자녀가 다양한 색과 맛을 느낄 수 있도록 음식을 구성해보자. 다양한 맛을 알면 알수록 금전운의 토양도 넓어진다. 금전운의 토대가 되는 그릇에도 신경 쓰자. 플라스틱 그릇은 가능한 한 피하고, 질그릇이나 도자기를 사용하자. 가족과 함께 즐겁게 식사해도 금전운은 상승한다.

그에 더해 어릴 때부터 자신에게 가치가 있는 물건을 사용(=살아 있는 돈을 쓰게 한다)하는 것을 아이에게 가르쳐야 한다. 낭비를 한다고 일일이 혼내서는 안 된다. 풍요로움이란 낭비에서부터 태어난다. 예를 들어, 액세서리나 과자 등도 따지고 보면 낭비다. 그러한 것들을 모두 '낭비'라며 금지해서는 풍요로움이 생겨날 여지가 없어진다. 게다가 부모에게는 도움이 안 될지 몰라도, 아이에게 가치가 있는 물건이라면 그건 결코 낭비가 아니다.

만약 부모로서 어떠한 물건만은 사 줄 수 없다면 낭비라는 이유가 아니라, 그걸 사선 안 되는 이유를 자녀가 잘 이해할 수 있도록 설명해 주자.

마치며

이 책은 《돈에게 사랑받는 금전운 풍수》, 《돈에게 더 사랑받는 금전운 풍수 오의 편》 두 권을 대대적으로 보완하여 한 권으로 정리한 책이다. 즉 금전운 풍수의 결정판이라고 할 수 있다.

《돈에게 사랑받는 금전운 풍수》를 출판한 해는 2010년이다. 그때부터 서서히 확산되던 돈에 관한 불안이 지금은 사회 전체를 완전히 뒤덮고 말았다. 오래 지속되는 불황을 생각하면 어쩔 수 없는 일인지도 모른다.

그러나 운이란 각자가 자신의 힘으로 만들어 내야만 한다. 지금 당신에게 금전운이 없다면 불황 때문이 아니라 당신의 운이 부족하기 때문이다. 불안정한 사회 때문에 운이 없다며 불평하기보다는 자신이 원래 가지고 있던 운을 모두 이끌어 내려고 단련해야 한다. 그리고 그럴 때면 꼭 이 책을 활용해 주기 바란다.

이 책에는 금전운을 손에 넣는 데 필요한 생각부터 일상생활에서 유의할 점, 주요 아이템인 지갑 사용법, 금전운 상승효과가 있는 부적 쓰는 법까지 금전운에 관한 모든 것을 총망라했다. 할 게 너무 많아 걱정된다면, 일단 생각부터 돈이 따르도록 바꿔 보자. 금전운을 좋게 만들기 위해 가장 필요한 것은 마음가짐이다. 믿기 어렵겠지만, 돈에 관한 사고방식을 바꾸기만 해도 돈을 모으고 축적하는 방법은 크게 바뀐다.

지금 이 책을 읽는 사람 중에는 힘겹게 생계를 이어가는 사람, 경제적으로 여유가 없는 사람도 있을 것이다. 여유 부릴 틈이 없다거나 생활이 너무 빠듯해서 힘든 사람일수록 생각 하나로 운이 크게 변한다. 풍족함을 손에 넣기 위해 지금은 힘들어도 참자는 생각을 버리자. 생활이 어려울수록 더욱 현재의 풍요로움을 소중하게 생각하길 바란다. 그 풍요로움이야말로 금전운의 씨앗이다.

마지막으로 이 책이 독자 모두에게 자신이 꿈꾸는 풍요로움을 얻는 데에 도움이 되었기를 바란다. 또 당신의 인생이 지금보다 더욱 빛나기를 진심으로 바란다.

돈의 운
부가 시작되는 일상의 비밀

초판 발행일 2021년 7월 16일 **1판 1쇄** 2021년 7월 22일
펴낸곳 현익출판 **발행인** 현호영
지은이 리노이에 유치쿠
옮긴이 문기업
디자인 임지선 **편집** 이정원
주소 서울시 마포구 월드컵로 1길 14 딜라이트스퀘어 114호
팩스 070.8224.4322 **이메일** uxreviewkorea@gmail.com

ISBN 979-11-88314-84-3

ZETTAI, OKANE NI SUKARERU! KINUN FUSUI
by Yuchiku Rinoie
Copyright © 2017 Yuchiku Rinoie
Korean translation copyright © 2021 by UX REVIEW
All rights reserved.

Original Japanese language edition published by Diamond, Inc.
Korean translation rights arranged with Diamond, Inc.
through Korea Copyright Center Inc

이 책은 (주)한국저작권센터(KCC)를 통한 저작권자와의 독점계약으로
유엑스리뷰에서 출간되었습니다. 저작권법에 의해 한국 내에서
보호를 받는 저작물이므로 무단전재와 복제를 금합니다.

현익출판은 유엑스리뷰 출판그룹의 교양서 전문 단행본 브랜드입니다.
유엑스리뷰는 가치 있는 지식과 경험을 많은 사람과 공유하고자 하는
전문가 여러분의 소중한 원고를 기다립니다. 투고는 유엑스리뷰의 이메일을 이용해주세요.
✉ uxreviewkorea@gmail.com